藏地风土
西藏民俗趣谈

陈立明 著

五洲传播出版社

图书在版编目（CIP）数据

藏地风土：西藏民俗趣谈 / 陈立明著 . -- 北京：五洲传播出版社，2020.1
（人文西藏）
ISBN 978-7-5085-4352-9

Ⅰ . ①藏… Ⅱ . ①陈… Ⅲ . ①藏族—少数民族风俗习惯—介绍—西藏
Ⅳ . ① K892.314

中国版本图书馆 CIP 数据核字 (2020) 第 005860 号

撰　　稿：	陈立明
图片提供：	陈宗烈　杨忠宁　陈立明　杨立泉　张　鹰　CNSPHOTO
出 版 人：	荆孝敏
策划编辑：	张美景
责任编辑：	张美景
封面设计：	李　璐
书名题签：	李　顺
装帧设计：	杨　平　蒲建霖

藏地风土——西藏民俗趣谈

出版发行：	五洲传播出版社
地　　址：	北京市海淀区北三环中路 31 号生产力大楼 B 座 7 层
邮政编码：	100088
电　　话：	010-82005927（发行部）
网　　址：	http://www.cicc.org.cn
	http://www.thatsbooks.com
印　　刷：	中煤（北京）印务有限公司
开　　本：	787×1092 mm　1/16
字　　数：	150 千字
印　　张：	11
版　　次：	2020 年 8 月第 1 版第 1 次印刷
定　　价：	54.00 元

目录

引 言

西藏民俗：蕴含浓郁雪域高原神韵的壮阔画卷　　1

第一章
茶醇酒香 色彩斑斓 —— 西藏生活民俗　　9

　　饮食习俗　　10
　　服饰习俗　　28
　　居住习俗　　37

第二章
灵魂之礼 生命之仪 —— 西藏人生礼仪　　53

　　诞生礼　　54
　　取名习俗　　55
　　婚姻习俗　　58
　　丧葬习俗　　75

第三章
瑰丽幻想 神圣时空 —— 西藏信仰民俗　　81

　　民间信仰　　82
　　苯教信仰　　97
　　藏传佛教信仰　　100

第四章

节庆四季 欢乐海洋 —— 西藏节日民俗   115

   岁时年节   116

   生产节日   124

   宗教节日   131

   娱乐节日   138

第五章

斗智斗勇 怡情益智 —— 西藏游艺竞技   147

   民间竞技   148

   民间游艺   158

主要参考资料   163

引言

西藏民俗：
蕴含浓郁
雪域高原神韵
的壮阔画卷

平均海拔4000米的青藏高原,矗立于地球之巅,被人们形象地称为"第三极"。千百年来,生活于这片高天厚土、神奇大地上的西藏人民,创造了辉煌灿烂的民族文化。

西藏民俗是西藏文化的重要组成部分。西藏民俗,蕴含着浓郁的雪域高原神韵。

西藏民俗文化的形成和发展经历了一个漫长的历史过程。

至迟在5万至1万年前,青藏高原便有古人类的活动足迹。西藏民俗文化滥觞于距今四五千年前的新石器时代。西藏昌都卡若和拉萨曲贡两个原始村落遗址的发现,为我们提供了一幅西藏远古先民生活的图景,展示了西藏远古先民的衣食住行以及佩戴装饰等物质和精神生活的基本风貌。

❖ 雄奇的高原

引 言　西藏民俗：蕴含浓郁雪域高原神韵的壮阔画卷

唐朝时期的西藏即吐蕃政权时期，是西藏文化大发展的时代，也是西藏民俗文化走向兴旺繁盛的时期。在吐蕃时代就已成形的民俗生活基本范式一直绵延发展，影响至今。

吐蕃之后的 1000 多年间，随着西藏社会的发展变化和各民族间文化交融，西藏民俗文化得以不断发展和丰富，成为西藏文化的重要组成部分。

西藏民俗文化源远流长，自成体系，具有鲜明的特征。

地域性特征

地域性特征是西藏民俗文化区别于其他民俗文化最显著的特征之一。

西藏地处世界屋脊，其北部是昆仑山脉和唐古拉山脉，中部是冈底斯—念青唐古拉山脉，南部是喜马拉雅山脉，东部是横断山脉，这

❋ 墨脱县境内的雅鲁藏布江果果塘大拐弯

些高大的山脉构成了高原地貌的骨架。西藏的地势和地形结构可分为藏北高原（包括阿里高原），地处昆仑山、唐古拉山和冈底斯—念青唐古拉山之间，藏语称之为"羌塘"（意为北部高地）的广大地域；藏南谷地，位于冈底斯—念青唐古拉山和喜马拉雅山之间，包括雅鲁藏布江及其主要支流拉喀藏布、年楚河、拉萨河、尼洋河等流域；喜马拉雅山地，主要指喜马拉雅山脉南坡和东南坡；藏东高山峡谷区，即西藏最东部的怒江、澜沧江和金沙江峡谷地带，地处横断山区。

独特的自然地理环境造就了独特的西藏民俗文化。辽阔的藏北高原地势高寒，平均海拔4000米以上。境内有众多的湖泊和纵横的水系，是野生动物的乐园和天然牧场。人们世代逐水草而居，创造了具有鲜明地域特色的高原游牧文化。藏南谷地海拔在2700—3700米之间，这里土层深厚，土壤肥沃，适宜农耕。人们从"猴子变人"的神话时代开始便从事农耕活动，延续至今，创造了西藏的农耕文明。雅鲁藏布江中游河谷平原，是西藏远古文明的重要发祥地，相传西藏最古老的居民首先出现于此。西藏的第一块农田、第一座房屋、第一代赞普，无不与雅砻河谷相联系。藏东三江流域属高山峡谷区，江河切割，沟壑纵横，气候呈立体分布。人们从事半农半牧的经济活动，依山势建屋聚族而居。喜马拉雅山南坡和东南坡气候温和，多雨潮湿，森林密布，动植物资源丰富，决定了人们的生产活动方式长期以采集和狩猎为主，兼事刀耕火种的传统农耕。正是地理环境的差异决定了人们生产生活方式的差异。

地域性特征是西藏民俗文化区别于西藏高原以外其他民俗文化的显著标志。同时，在青藏高原内部又有许多小的地理单元，正如藏族谚语所讲的"每一个喇嘛有一个教派，每一个地方有一种方言"那样，不同地区的文化又带着显著的地域色彩，它们共同构成了西藏民俗文化多姿多彩的风貌。

引言 西藏民俗：蕴含浓郁雪域高原神韵的壮阔画卷

❈ 松赞干布墓顶寺内供奉的松赞干布、文成公主、尺尊公主塑像

民族性特征

西藏民俗文化是由西藏各民族共同创造的。藏族主要居住于雪域高原，而门巴族、珞巴族、僜人和夏尔巴人生活于喜马拉雅山南坡和东南坡的广大地域。他们共同生活于西藏高原，都有自己对西藏民俗文化的创造和贡献。从语言到婚丧嫁娶，从信仰、节日到衣食住行，在民俗文化的方方面面都有着浓郁的民族特色。西藏民俗文化表现出的民族性特征，又与其地域性特征有某种一致性。

西藏各民族虽有各自相对独立的地理单元，但他们共同生活于青藏高原这一地域范围，彼此间交往历史久远，政治、经济和文化的联系十分紧密。西藏各民族创造的民俗文化，共同构成了多元整一、色

具有浓郁南亚风格的千年古寺强真寺位于吉隆县。

彩斑斓的西藏民俗文化。风情习俗是民族的标识和徽记。西藏民俗文化折射和展示出西藏各族人民的精神风貌。

互融性特征

西藏民俗文化的互融性特征，表现在对外来文化的兼收并蓄、各民族文化交流互融和宗教与世俗互融统一等多个方面。

西藏地处亚洲腹地,是东亚、南亚和中亚的连接带和枢纽。从文化地域看,又处于东方文化、南亚文化和中西亚文化相接触、撞击的交汇点上。自古以来,西藏就同周边地区有着交往和联系。远在新石器时代,西藏同中亚和南亚就有文化交往,西藏文明与黄河流域文明有着紧密的联系。在吐蕃时期和吐蕃时期以后,西藏同周边地区尤其是同中原地区在政治、经济和文化上的交往进一步扩大。印度、尼泊尔佛教文化,中原儒家文化,对西藏文化的发展都产生了重大影响。

西藏民俗文化有着宗教性与世俗性、神圣性与娱乐性互融统一的特点。

时代性特征

民俗文化是历史的创造物。任何民俗文化现象都是该民族千百年来创造的文化因子的积淀和熔铸。民俗文化既有历史的传承性,又因社会的发展而不断发展和变化,呈现出特定时代的文化风貌。在西藏民俗文化发展史上,卡若文化、吐蕃文化和封建农奴制文化都带着鲜明的时代印迹。

随着西藏社会的变革和经济的发展,随着对外开放的扩大和现代化进程的推进,人们的生产生活方式、思想文化观念都发生了许多变化。这些变化,表现于民俗文化的方方面面。无论是衣食住行、婚丧嫁娶还是节庆游艺,无不表现出鲜明的时代变迁与历史进步。

当代社会日新月异,西藏民俗文化在新的时代呈现出更加瑰丽多姿的风貌。

第一章

茶醇酒香 色彩斑斓

西藏生活民俗

饮食习俗

俗语说，民以食为天。一个民族饮食习俗的形成，主要受制于其居住地域特定的自然环境、气候、物产以及由此伴生的特定生产和生活方式。世代居住于雪域高原的藏族人民，其饮食习俗带有浓厚的高原特色。

一、饮食类别

藏族日常生活中的饭食，因农区（含半农半牧区）和牧区生产方式的不同而有较大差异，其制作方式各地亦有所不同。从总体上看，藏族传统的日常饮食主要有糌粑、面粉（冬小麦）、肉类和奶制品。

糌粑是藏族的主食。糌粑系用青藏高原高海拔地区特有的一种麦类作物——青稞（藏语称为"芀"）经加工磨制而成。糌粑的磨制在藏区各地大同小异，将青稞炒熟后用水磨或手磨磨成面粉即为糌粑。

在藏区磨糌粑多用水磨。水磨房通常建在有一定水流落差的河溪山涧旁，利用水力推动叶轮带动水磨。在一些水流较缓的江河地区，通过人工开挖水渠引入江水，于较大落差处修建水磨房。手磨在藏区也广泛使用，尤其在牧区，手磨几乎为每户必备之物，这是因为手摇小石磨携带方便，适应牧民居无定所的游牧生活。

除水磨和手磨外，现在西藏普遍使用上了电磨。以电作动力，人们从繁重的手工劳动中解放了出来。

作为一年四季的主食，糌粑的吃法很多，最常见的是"玛粑"抓糌粑：取一木碗或瓷碗，倒入热茶，内放一块酥油，再放入适量糌粑，

第一章　茶醇酒香 色彩斑斓 —— 西藏生活民俗

❁ 西藏主要农作物青稞

❁ 青稞脱粒

11

根据个人口味和喜好还可加入少量碎奶渣或白砂糖，用手调和均匀后抓捏而食。糌粑的另一种吃法称为"觉玛达"，系用酥油茶拌和糌粑粉、奶渣、白砂糖后搅成稀糊状，多在早餐或加餐时食用。

"土巴"是藏族人喜欢的食物，系用糌粑、肉丁、面块、萝卜等煮制的粥类食品，多作晚饭。做"土巴"时，多搓揉成面片或搓捏成面疙瘩。糌粑还可用来煮制"观颠"（青稞酒粥）作为饮品，即青稞酒加热后放入酥油、奶渣、红糖和适量糌粑，这是过年和招待贵客亲朋时的上等佳品。

冬小麦"卓"或"衮卓"是又一类藏族主食。冬小麦的吃法比较单纯，多是磨成面粉后做烤饼吃。出门旅行或外出劳作，"巴勒"（烤饼）是常带的食物。面粉还可做藏式面条，也是做"土巴"不可或缺的原料。

牛、羊肉是藏族日常生活的重要食品，更是广大牧区牧民生活的主要食品。人们一般将鲜肉或冻肉用清水煮熟，用小刀切割食用，也可砍成小块炖萝卜或切为肉丁煮"土巴"吃。牛羊的宰杀多集中在深秋和初冬季节，经过夏季和秋季的牧养，此时的牛羊膘肥肉满，而在寒冷的季节屠宰肉容易保存。在屠宰季节，人们还灌制血肠和肉肠。血肠是宰杀牛羊时用新鲜的牛血或羊血混合少许糌粑和切碎的牛羊肝、心、油等，并加上盐和调料灌入清洗过的小肠而成，肉肠则是将切碎的肉、动物油拌以盐等佐料灌制。血肠和肉肠是人们十分喜爱的食品。

风干牛羊肉是极具特点的肉类食品，深受人们的喜爱。西藏各地都有制作风干牛羊肉的习惯，而以藏北草原和羊卓雍湖一带的干肉质量最佳。在藏北冬宰季节，各家各户都做风干肉：将肉切成约尺余长寸余宽的长条，码放于用石头或牛粪堆砌成的圆形储藏窖内。藏北的冬季天寒地冻，气候寒冷干燥，牛羊肉经数月自然风干后，味道清纯，口感酥脆。

第一章　茶醇酒香 色彩斑斓 —— 西藏生活民俗

❁ 风干肉

❁ 血肠

❁ 酸奶渣

❁ 奶渣与风干肉

　　西藏是以牧业和半农半牧为主的地区，牛羊等牲畜饲养多，奶类制品是人们日常生活的主要食品之一。奶类食品主要有鲜奶、酸奶、干酪和酥油等。酸奶藏语称为"雪"，干酪俗称奶渣，根据奶渣的口味、品质、干湿等分为酸奶渣、甜奶渣、干奶渣、湿奶渣等。奶渣是人们日常饮食和外出劳作的必备食品。

　　酥油是藏族饮食结构中的重要构成部分。酥油藏语称为"玛尔"，是直接从牛奶或羊奶中提炼出来的。酥油不仅供自家食用，还是换取粮食、物品和交易买卖的重要商品。

　　挤奶和提炼酥油是十分枯燥而又艰苦的劳作，劳动强度很大，主要由妇女承担。性格乐观、天性活泼的藏族妇女在劳动中创作了许多

提炼酥油的木桶

与劳动节奏相协调的旋律优美的歌曲,如挤奶歌、打酥油歌、放牧歌等,边劳动边吟唱:

> 挤奶子就要这样挤!
> 我挤唐桑母牛的奶子这样挤:
> 金奶桶朝前倾一倾,
> 衣袖朝上卷一卷;
> 奶水呵像流星一样射,
> 奶面呵像黄金一样亮!
> 我的母牛唐桑呵:
> 当你在山上吃草的时候,
> 我喊声"可可"你就回来——
> 从山上回到挤奶场。
> 母牛呵,你不想我这挤奶员?
> 唐桑呵,想你这可爱的小牛也该回来。

这是一首流传于阿里牧区的挤奶歌,歌曲旋律舒缓优美,其节奏与挤奶动作的节奏相一致,优美动听。

　　在西藏各地,提炼酥油的传统方法目前仍然随处可见,但随着奶油分离器等电动或机械器具的推广和使用,人们正逐渐从繁重的劳作中解放出来。

　　随着经济的发展和生活条件的改善,藏族的饮食观念、饮食结构和饮食习惯正在发生变化,汉餐、西餐进入了城镇和乡村的寻常百姓家。就主食而言,大米饭、汉式面条(藏语称为"甲土")、饺子、面包等已成为城镇人们的日常食品;大米、面粉、面条(挂面)在西藏农区和牧区也不鲜见,也是人们的日常主食。

　　与高原物产和饮食文化相联系,藏式菜肴特色鲜明,自成体系。

❖ 挤羊奶

❈ 曲让（奶渣）和曲退（奶酪糕）　　❈ 卓玛折塞（人参果米饭）

　　藏式菜肴原料均取自高原本地，如荤菜多为牛、羊肉及其内脏，也有鸡、鱼、鸡蛋等菜品，素菜则有菌类、土豆、虫草以及奶酪类制品。其烹制有蒸、煮、炒、炸、炖、凉拌等方式。

　　常见的特色菜品有："洛畏"（炒羊肺）、"鲁久扎玛"（油炸血肠）、"各夏卡察"（辣味头肉）。与"各夏卡察"齐名的还有"卓巴卡察"（辣味肚片）、"庶扎"（炸排骨）、"色夏玛扎"（烤蘑菇）、"夏金"（生肉酱）等。藏式菜肴还有咖喱土豆、辣味土豆、炸鸡蛋、萝卜炖牛肉、虫草炖肉、炒鸡蛋等。

　　过去人们种植和食用蔬菜较少，蔬菜品种主要有萝卜、土豆和小白菜，品种单一。牧区几乎不食蔬菜，人们日常所需的维生素主要从饮茶中获取。如今，蔬菜已在西藏广为种植，塑料大棚和温室技术的运用使西藏一年四季均有品种丰富的蔬菜供应。不仅城镇居民大量食用新鲜蔬菜，农民和牧民也习惯了食用蔬菜，"tshal"（汉语"菜"的音译）和"sngo-tshal"（汉语"青菜"的翻译）等新词语的广泛使用，说明了人们饮食结构的变化和改善。

　　藏族人在口味上普遍嗜辣，辣椒和花椒是烹制菜肴时的主要佐料。

　　有一些食品和菜肴平时少见，而多在年节庆典、婚嫁等特殊场合才烹制，主要有"曲退"（奶酪糕）、"玛徽"（糌粑油糕）、"卓玛折塞"（人参果米饭）、"观颠"、"卡塞"（油酥点心）等。

与烹制藏式菜肴相对应，藏餐的主食除日常的糌粑、米饭和面饼外，还有"夏帕勒"（肉饼）、"夏馍馍"（肉包子）、"土巴名达"（什锦米粥或八宝粥）、"索冈比希"（油煎肉包子）、"卓徽"（面粉油糕）、"中察"（肉汤烩饭）等，品种十分丰富。

传统藏宴有"嘎卓"（素宴）和"玛卓"（荤宴）之分。素宴以奶酪和蔬菜类菜肴为主，荤宴待客则以各式肉类菜肴为主。

藏族零食种类多，常见的有："月"（炒青稞）、"珍玛"（炒蚕豆）、"曲让"（奶渣）、"曲退"、"卡塞"。此外，零食中还有各种时鲜水果和果干。西藏南部低海拔地区产核桃、杏子、桃子等坚果和水果，当地人

❁ 藏族零食"卡塞"

采摘后多制成果干以便交换和出售。有条件的人家还购买产自尼泊尔、印度等国的瓜果制成果干食用。

现在，藏族人的零食品种更加丰富，遍布城乡的大小商店各种物品和食品应有尽有，集市上各种时令水果和果干任由选购。当然，在广大农牧区传统零食仍充当着主要角色，像"退""卡塞"这些过去年节庆典时才能吃到的食品今天已不再是稀缺之物，人们可以随时制作食用。

藏族特色食品表

名称	主要材料	口感风味
糌粑	熟青稞麦粉、酥油	奶香、淡甜
土巴（藏粥）	面块、肉丁、萝卜等	香味浓厚
雪（酸奶）	鲜牦牛奶	酸甜、爽口
博士（藏面）	小麦面条、牦牛肉丁	汤料鲜美、面条筋道
夏馍馍（肉包子）	牦牛肉、小麦面、葱	皮薄馅大、鲜美多汁
卓玛折塞（人参果米饭）	人参果、米饭、糖	甜而不腻、营养丰富
咖喱土豆	新鲜土豆、咖喱粉	味浓
风干肉	牦牛肉	酥松、味浓
曲让（奶渣）	干奶渣	奶香、酸甜
卡塞（油酥点心）	面粉、酥油	色泽金黄、香酥可口
夏金（生肉酱）	新鲜牦牛肉、辣椒	香辣
退（奶酪糕）	奶渣、红糖、酥油	奶香浓郁、酸甜
月（炒青稞）	青稞	香脆可口

❖ 酥油茶是藏族人家早餐中不可缺少的饮品。

藏族的日常饮料有两大类，即茶和酒。茶有酥油茶、甜茶（奶茶）、清茶等，以酥油茶最为盛行；酒有青稞酒和藏白酒，以青稞酒最为著名。此外，现在无论在城市还是乡村，各种品牌的白酒、啤酒和可乐等饮品已逐渐为人们所接受。

藏族饮茶历史久远，可追溯到吐蕃时代。藏文典籍《汉藏史集》中，有专门的章节对茶叶进行分类，详细记载了16种茶叶的产地、特征、烹制和功用，足以证明藏族饮茶历史的悠久和对茶叶精深的了解。藏语称"茶"为"槚"，系来自于汉语的文化借词，反映了藏汉民族源远流长的经济、文化交流。

酥油茶在藏族人日常生活中不可或缺。酥油茶的制作，是藏族饮食文化的一大发明，是在同汉族互通有无的经济往来中结合自身的环境和物产条件发明的，对藏族饮食结构的改善产生了重要的影响。酥油茶极富营养,酥油脂肪含量高,能产生大量热量以御寒,而茶叶中富含茶碱、维生素和微量元素,具有健胃生津、消食解腻的作用,适合高原以肉、奶等高脂肪、高动物蛋白为主要食物的民族饮食结构的需要。茶叶最初被视为治病疗疾的珍稀之物,随着西藏与内地"茶马互市"的兴盛和发展,茶与藏族人的生活联系越来越紧密,逐渐成为人们日常饮食、迎客送礼、婚庆节日的必备之物,并形成独具藏族特色的茶文化。

甜茶也是人们十分喜欢的饮品,尤其在拉萨、山南、日喀则等城镇,甜茶馆生意兴隆。

饮料中另一大门类便是称为"羌"的青稞酒。藏族饮酒的历史远远早于饮茶。

❈ 拜年时敬献"切玛"(五谷斗)和青稞酒,祝福"扎西德勒"(吉祥如意)。

在目前所知的最古老的吐蕃文献中，不乏对酿酒和饮酒的记载。青稞酒的酿制方法西藏各地大同小异，为复式发酵法，其酿制过程一般为：将颗粒饱满的优质青稞用清水淘洗干净，除去石子儿、麦皮等杂质，用清水浸泡后放入锅内，掺适量水用中火和小火煮两小时左右，边煮边搅拌；将煮熟的青稞均匀摊晾于毯子或席子上，在青稞酒粮温热时拌以酒曲，并盛入陶制酒坛，密封坛口，用被毯或衣物包裹，酒坛周围铺塞以干草或糠秕。酿酒所需时间夏天一般为两三天，冬天为一周左右。酒粮发酵好后，加入凉开水或清水，几小时后便酿成酒香四溢的青稞酒。每坛酒粮可加水酿制三四次，酿出的酒被称为头道酒、二道酒、三道酒。头道酒浓稠，色泽黄里泛青，味道醇厚甘甜，酒香浓郁，是敬神待客的上等佳酿。二道酒味道稍淡，甜里带酸，清冽甘美，饮后沁人心脾。第三道、四道酒色泽较差，甜味淡而酸味浓，人们常作为解渴的饮料，带到田间地头边劳作边饮用。为了使酒浓淡适宜，人们酿酒时多是将几道酒掺和、调匀饮用，只留少许头道酒以作品尝或敬神招客之用。

过去人们酿"羌"和"博让"（藏白酒）主要是自饮自用，如今藏酒已走出家门、迈出藏地，甚至跨出国门，青稞酒和青稞白酒以其馥郁的芳香和至纯的品质深得人们青睐，有广泛市场。藏酒不仅传播了藏族的酒文化，作为一种具有潜力的产业，它也同藏族的饮食文化、旅游文化相结合，为藏区经济的发展发挥着积极作用。

在酒类饮料中，啤酒已经进入了人们的日常生活中。在城镇，啤酒已成为人们日常生活中常见饮品，更是婚丧嫁娶、团聚送别等聚会的首选饮品。

除了茶和酒类饮料外，矿泉水、碳酸类饮料和保健饮料也在现代藏族人的生活中占有一席之地。利用藏地特有植物"红景天"制成的保健饮料，具有明显的抗缺氧、抗衰老的作用，成为市场上的抢手货。西藏各地生产的矿泉水，通过青藏铁路源源不断供应藏区内外市场，深受喜爱。

二、餐饮器具

藏族炊具分为陶制、石制、木制和金属制等类，其中以陶器类制品最为古老，至今仍广泛使用，石制和金属类炊具亦颇具特色。

藏族使用陶器的历史可上推到距今四五千年前的新石器时代。昌都卡若遗址出土陶片两万多片，能够辨认器型者有1234件，分罐、盆、碗三种。从新石器时代直至近代和现代，藏族使用陶器的历史从未中断，陶制炊具品种多样。日常生活中常见有双耳大陶罐"括玛"，主要用于煮粥熬茶；肚大嘴小、有把有盖的陶壶"括底"，用于盛放酥油茶；口大底平的陶锅"巴朗"，用于烙饼；还有称为"天括"的陶炉等。

除陶制炊具外，石锅亦曾是人们经常使用的炊具。阿里扎达县古格遗址曾出土了大量的石锅和石罐。石锅系用一种特有的石头凿制而成，用其炖肉、做菜可保持原味。

金属类炊具有铁锅、铝锅和铜锅。称为"汉阳"的铝锅在西藏十分流行，过去几乎每家每户都有几口大小不同的"汉阳"锅。铜锅"桑"的使用也十分普遍，熬茶、烧水、做饭离不开它。铜锅造型美观，平时锅沿擦拭得光亮照人，不啻于一件艺术品。铜锅有大、中、小型号，寺庙中特制的巨型大铜锅（铜釜）熬茶煮粥可供数百僧人同时进餐。

藏族人喜欢使用铜质器皿，如煮饭烧茶的铜锅、盛水的铜水缸、舀水的铜瓢、盛茶的铜茶壶，等等。铜瓢和铜水缸可谓是藏族厨房陈设中的一景，一般家庭都摆放有一排擦得光洁铮亮的铜水缸和水瓢，十分醒目和美观。

❖ 木碗

藏族餐具有各种质料的碗、盘、盆、钵等。木碗多产于西藏南部多林木地区，以门隅所产木碗最为有名。阿里普兰一带也产木碗。木碗系用白桦木或杂木的树瘤加工制成，工序复杂，技术要求高，制作难度大。木碗因质料、加工精细程度和大小等分为若干等级，价格差异悬殊，一个优等"杂雅"木碗不镶银边过去就值100多两藏银，价格昂贵且不易求购。现在一个优质木碗价值数百元至数千元不等，中等木碗需几十元至数百元。藏族人喜爱木碗原因有三：一是木碗经久耐用，携带方便；二是木碗盛茶、酒有一种特殊的香味，盛食不变味，饮用不烫嘴；三是木碗大多制作精美，造型丰富，木纹别致，色泽明亮华丽。一个个木碗就是一件件精致的工艺品。木碗的实用性和审美性赋予了木碗神奇的品格，令人们格外珍视。有一首流传很广的藏族民歌道出了人们同木碗的密切关系：

领着情人吧害臊，丢下情人吧心焦。
情人若是个木碗，揣在怀中有多好。

西藏所用瓷碗瓷器除部分为本地所产外，大量来自汉地。在西藏博物馆、布达拉宫以及许多著名古寺如萨迦寺、扎什伦布寺、噶玛寺中珍藏着为数不少的元（1206—1368）、明（1368—1644）、清（1616—1911）时代瓷器精品，殊为珍贵。民间也广泛使用瓷碗，作为待客时敬茶、献酒、盛饭的餐具和饮具。过去瓷碗价格高，许多人家都珍藏有祖辈们传下来的瓷碗。现在瓷碗仍是藏族人最喜爱的饮酒、喝茶的器具。

如同其他生产、生活用品一样，藏族的饮具、餐具和炊具在当代生活中也发生了许多新的变化。除了古老的陶罐、"汉阳"锅、酥油桶、木碗等器皿，高压锅、电饭锅、玻璃制品、不锈钢炊具和餐具等现代工业制品也大量进入普通人家，日常生活中处处都能见到传统与现代的混融交汇。

三、饮食礼仪

藏族是一个十分讲究礼仪的民族。藏族的饮食礼仪深刻地反映着藏族的伦理观念。平时，家人和邻里和睦相处，尊老爱幼，诚信待人。家中酿了好酒，头道酒"羌批"（酒新）敬献神灵后，首先由老人品尝。每年新收割粮食，"尝新"也是老人们的专利。日常家庭就餐，由主妇掌勺分发食物时，首先是为长者盛，然后全家人围聚火塘旁进餐，其乐融融。藏族人十分好客，待客热情周到，若有宾朋登门，定会倾其所有，拿出好酒好茶好菜盛情款待。

藏族饮茶和饮酒礼俗很多。平时在家喝茶各自用自己的茶碗，不能随便用他人的碗。喝茶时，碗中的茶不能随便喝干，而是喝一半或一大半，勘满后再喝，最后结束喝茶时也不能全部喝干，而要留下少许，表示茶永远喝不完，财富充足，寓意颇深。若客人到来，女主人会取出珍藏的擦拭得光亮照人的瓷碗摆放在客人面前,端起茶壶轻轻摇晃数次(壶底须低于桌面),斟满酥油茶后双手端碗躬身献给客人。客人接茶后不能急匆匆张口就饮,而是缓缓吹开浮油,饮啜数次后碗内留下约一半,将茶碗放在桌上,女主人会续满,客人不能立刻端起就饮,而是在主人一次次敦请下边同主人聊天边慢慢啜饮。客人每次饮茶后主人会很快添满,使茶碗保持盈满状态。

藏族饮酒的礼仪和习俗极为丰富。每酿新酒,必先以"酒新"敬神,然后依循"长幼有序"的古训首先向家中的长者敬酒,其后家人才能畅饮。在节日婚庆或众人聚会场合,饮酒一般是先向德高望重的长者敬献,然后按顺时针方向依次敬酒。敬酒者一般用双手捧酒杯举过头顶,敬献给受酒者,特别对长者更是如此。受酒者先双手接过酒杯,然后用左手托住,再用右手的无名指轻轻地蘸上杯中的酒,向空中弹一下,如此反复三次,有的人口中还要轻声念出"扎西德勒平松措……"等吉

准备藏餐宴

祥的祝辞，然后再饮。弹酒三次表示对天、地、神的敬奉。

饮酒时不能一饮而尽，要遵循"松珍夏达"的"三口一杯"制。在弹酒敬神后，受酒者应先饮一口，敬酒者续满酒杯，受酒者再饮一口，敬酒者又续满酒杯，受酒者第三次饮一口，斟满后将杯中酒一饮而尽。滴酒不剩者，才是最有诚意的。

有酒就有歌。藏族酒歌曲调悠扬，优美动听，内容多为祝福、赞美之辞。敬酒人有时边唱边舞，声情并茂；也有即兴演唱的，诙谐幽默。

我们在此相聚，祈愿永不分离。
祝福聚会的人们，永远无灾无疾。

这是一首广泛流传的酒歌，在西藏各地都能听到。歌词简朴却饱含深情，表现了人们对欢聚的祈盼与珍视和对无病无灾的美好生活的向往与祝福。

四、饮食禁忌

藏族的饮食禁忌集中反映在忌食某些类别的食物和对锅灶火塘的禁忌上。

在食肉方面，藏族禁忌较多。一般人只吃牛羊肉，而不吃马、驴、骡、狗肉，有的老人连鸡肉、猪肉和鸡蛋也不食用。鱼、虾、鳝以及其他海鲜类食品，除部分城镇居民（大多为青年人）少量食用外，广大农区和牧区的群众从不购食。兔子肉在个别地方可食，但孕妇不能食用，人们认为孕妇吃兔子肉会生下豁嘴的孩子。即使是吃牛羊肉，也不能吃当天宰杀的鲜肉，必须一天后食用。当天宰杀的肉称为"宁夏"（nyin-sha，意为"当日肉"），人们认为牲畜虽已宰杀，但其灵魂尚存，必须过一天后灵魂才会离开躯体。对鸟类、山鸡从不捕食，尤其如"拉

第一章　茶醇酒香 色彩斑斓——西藏生活民俗

传统火灶

恰贡姆"这样的藏雪鸡人们视之为神鸟，忌讳捕猎。

在肉食禁忌中，忌食鱼肉的情况较为复杂，忌食与否与地域密切相关。在西藏东部地区，人们几乎不食鱼，也不能触摸蛇、蛙等动物，认为鱼、蛙这些水生动物是龙神的宠物，若伤害或触摸会染上疾病。人们一般认为藏族不食鱼是受佛教不杀生观念的影响所致。今天，拉萨、日喀则、山南等地的城镇居民部分人吃鱼，而广大农区和牧区，尤其是藏东地区绝大多数人至今仍然不吃鱼虾类食品。

在饮食禁忌中，藏族人对吃大蒜有较多的禁忌。大蒜作为调味品平时人们亦食用，但如果要去转经、拜佛、朝圣则绝对不食蒜，一些信仰虔诚的信众从来不吃大蒜。

藏族对火灶有神圣的敬畏之情，认为火塘中有灶神，需小心伺候，绝不能亵渎得罪灶神，否则会带来灾难。平时严禁跨越火灶，忌讳往火灶里吐痰，在灶中烧骨头、皮毛等物。火塘要保持干净，不能将不洁的东西放在火灶旁，坐在灶边时，不得把脚搁到灶上，清扫垃圾不能将垃圾投入火灶内焚烧，也忌讳直接在火上烤肉。行人外出时，需

27

向灶神祈祷以求护佑。在野外，用三块石头搭建的火灶，离开时也需清理干净，每块灶石上放置少许茶叶或食物，以示对灶神的祭奉。

服饰习俗

西藏服饰文化的渊源可追溯到距今四五千年前的新石器时代。

西藏服饰既有悠久的历史，又有鲜明的区域性特征。藏族生活在辽阔的青藏高原，地处不同的地理环境，受不同区域文化的影响，其服饰习俗存在着明显差异。藏北和阿里高原牧区、"一江两河"（即雅鲁藏布江和拉萨河、年楚河）流域的卫藏农区、多雨潮湿的林芝林区和地处三江流域呈立体气候的昌都地区，其服饰都有着各自的特点。

此外，职业、阶层和社会地位的不同也都在人们日常和特定场合服饰的穿戴上留下了深刻印记。

今天，西藏传统服饰如同其他传统文化一样，也受到现代社会的冲击。西装、牛仔、汉装以及现代时装在西藏城镇和乡村随处可见，一款款美观、方便、新潮的藏装也应时而出。在传统与现代的碰撞中，西藏的服饰呈现出多姿多彩的风貌。

❖ 那曲牧民的服饰

第一章 茶醇酒香 色彩斑斓 —— 西藏生活民俗

一、男性服饰

农区和牧区男性服装在质料和款式上有较大的差异。

阿里、那曲和昌都部分地区的人们以牧业为主。游牧的生产方式和高寒的地理环境,决定了牧民服装保暖御寒、实用方便、利于行旅的基本要求。牧民以衣皮袍为主。皮袍系用土法鞣制加工的绵羊皮缝制,既经久耐用又抵风御寒。皮袍结构肥大,袍袖宽敞。白天阳光充足气温升高时,可方便地脱掉右臂或双臂,以调节体温,便于劳作。夜晚解开腰带可和衣而眠,皮袍兼作被褥。男式皮袍在襟、袖和下摆用黑绒镶边,边宽10—15公分。富裕的牧民则用豹皮和水獭皮镶边。与皮袍相配套的是腰带,穿时,皮袍下部长及膝盖,用腰带束紧,上部十分宽松。腰带上常缀挂火镰、小刀、鼻烟壶、银元等装饰品。

❁ 藏族老人

❁ 藏族男子

29

农区的服装多以黑氆氇为原料。"氆氇"系藏语音译，是一种手工纺织的厚毛织品，保暖性能好，且结实耐用，是西藏农区制作衣服的主要原料。男女的外衣称作"曲巴"，款式为长袖、宽腰、大襟。左襟大，右襟小，在右腋下钉一颗钮扣。也有的用绿色或蓝色绸布做两条宽5厘米、长20厘米的飘带，穿时结上，不用系扣。在藏袍的领子、袖口、襟和底边镶绸子或彩色布。山南藏族男子喜穿白色或棕色氆氇缝制的曲巴，在藏袍的领口镶宽约6厘米的"加洛"（一种间隔有十字图案的花氆氇），十分美观。日喀则一带还流行用黑氆氇制成的男式套装，上衣款式为立领、右衽，衣服上缀有几颗铜扣，下装为宽松的氆氇裤。人们在夏季还穿用氆氇缝制的称为"堆通"的短上衣，其式样为立领、右衽，领口镶金边。

从地理单元上划分，工布地区属于卫藏的范畴，但工布地区海拔较低，境内森林密布，多雨湿润，人们的经济活动以农业和采集狩猎业为主。为适应独特的气候环境和生产活动，工布人创造了独具特色的"古休"服装。"古休"由兽皮、山羊皮和氆氇等质料制成，其基本结构为无袖、圆领、套头，形似坎肩。城镇居民的传统服装与农区并无大的差别，只是服装的面料丰富一些。

二、女性服饰

女性服装在色彩、款式、装饰等方面均比男服丰富，表现了女性爱美的天性。

牧区妇女服装同男性服装一样以皮袍为主，结构也相似，但牧区妇女的袍面装饰色彩丰富。藏北女袍有许多宽大的色带，并排装饰于皮袍表面，色彩为黑、红、绿、蓝、紫五彩，彩饰有五至七条，每条宽五六厘米，还在襟、袖口和下摆镶以黑色羊绒和灯心绒作边，十分

第一章　茶醇酒香 色彩斑斓 —— 西藏生活民俗

❉ 阿里地区普兰县科迦妇女服饰

美观。昌都一带妇女在闲暇和节庆时穿一种用羊羔皮缝制的皮袍,在衣襟、袖口和下摆镶缀水獭皮。农区妇女的服装多以氆氇作料,分有袖和无袖两种。夏季穿无袖袍,冬季寒冷时穿长袖袍,妇女的内衣色彩丰富,用各色绸布缝制,翻领,长袖。有的袖管长可及地,平时卷起,跳舞时放下,彩袖飞舞,舒缓飘逸。

　　农区以及城镇妇女系藏语称为"邦典"的围裙。围裙系用羊毛纺织而成,其织法独特,色彩艳丽。围裙的纹样为彩色横纹,分宽条横纹和细条横纹两种。宽纹色彩对比强烈,细纹则显素朴典雅。围系"邦典"过去是已婚妇女的标志。现在城镇的未婚青年也喜欢系用,将"邦典"作为美饰。

　　工布妇女一年四季都穿"古休",夏天以氆氇缝制,冬天用毛皮制作。

31

❀ 手工纺织氆氇和"邦典"　　❀ 手工纺织品"邦典"面料

三、装饰

藏族的传统装饰十分丰富,极具特点。

牧民在冬季喜欢戴羔皮帽或狐皮帽。狐皮帽藏语称"娃夏",系用珍贵的藏狐皮配以织锦缎制作而成。羔皮帽用洁白的羊羔皮制作,称作"巴夏",其形状同狐皮帽相似。在牧区,还有一种四季均可戴的毡帽。

农区,男女老幼均喜欢戴"次仁金嘎"金花帽。金花帽以优质氆氇为帽坯,帽顶上覆以织有各种美丽图案的金丝缎,边缘饰以金线,四支帽翼,前后翼较大,左右翼较小。帽沿镶缀皮毛。男帽帽筒高于女帽,而女帽装饰更为华丽。年轻人戴时大多只展放前翼,显得英俊潇洒;老年人戴时爱四翼展开,像一只展翅欲飞的吉祥鸟。"次仁金嘎"金花帽深受藏族人民喜爱。工布男子戴一种被称为"甲夏"的小圆帽,用黑氆氇缝制,翻沿,帽沿镶金边。

除日常生活中的各式帽子外,在一些特定场合某些从事特殊职业

第一章　茶醇酒香　色彩斑斓 —— 西藏生活民俗

❖ 藏北草原牧民女子的服饰

的人还会戴其他有特色的帽子。如举行赛马活动时,成年男子戴一种圆形宽大的红缨帽,帽的四周垂饰以缨络,称作"索夏",意为蒙古王公帽。少年骑手则戴红色尖顶的白毡帽,红色象征太阳初照雪山顶。据说,此帽在当雄草原象征念青唐古拉山神。格萨尔说唱艺人戴鸟羽帽,藏戏艺人戴扇形仙女帽,等等。

藏族的发型及饰物佩戴各地差异很大,大致可分为藏北型、卫藏型和藏东型。

在藏北,已婚妇女将长发中分,两边编成许许多多细长的辫子,前额分发,在两边的细辫上分别串饰珊瑚、翡翠之类的宝石,脑后编一根粗发辫,上面缀饰大大小小的银元和其他饰物。牧区男子过去多蓄发,编成发辫盘在头上,辫梢加红色线作饰。

卫藏一带的农区妇女一般只梳两根辫子,从发辫的中段开始用一

❦ 藏族妇女发辫　　　　　　❦ 藏族妇女

第一章　茶醇酒香　色彩斑斓——西藏生活民俗

金丝绣花男帽

传统藏靴

种称为"扎休"的发饰，同头发一起编成彩辫，常盘于头上，也可垂于身后。

过去，拉萨妇女在盛装时戴一种称为"巴珠"的头饰。"巴珠"呈三角形或"Y"形，因社会地位和经济条件的差异，"巴珠"的质地相差甚远。有的极为贵重，缀饰名贵珠宝，有的则质量稍差。日喀则康玛、江孜一带，常见的一种妇女头饰叫"巴廓"（江孜称"卫廓"），形似弓状，用珍珠、珊瑚、玛瑙珠等缀饰而成。"巴廓"头饰是后藏妇女极具地方

35

❈ 头饰

❈ 藏族妇女佩戴的耳环

❈ 妇女胸饰"噶乌"（内置小佛像和佛经）

❈ 牧区男子胸前佩戴的小佛龛

特色的头饰，由于制作复杂费时，人们平时不戴，多在婚庆、节日等喜庆场合佩戴。

藏族男女过去都戴耳环。耳环多用金、银镶嵌宝石制作。脖颈上戴挂一串串由各种天然宝石串缀的珠串，是藏族男女佩饰的一大特点。

"噶乌"是最典型的胸饰，遍及全藏，男女均可佩带。"噶乌"系用金、银或铜为原料制成的盒状物，有八角形、菱形、圆形等多种款式，俗称护身盒（符）。

今天，西藏的农区和牧区还保留着传统的服饰习俗，而城镇居民的服饰尤其是妇女的衣饰打扮变化较快。人们在色调的选择上倾向于素雅柔和，款式追求新颖别致，用料丰富而考究。尤其是年轻人喜欢时尚，喜爱简洁、美观、穿着方便又体现个性特征的新式藏装。目前，城镇流行一种筒裙款式的女式藏装，左右不开襟，合缝成筒状，裙子上缝制了腰带，可束腰。这种新式藏装，穿戴方便简洁，线条流畅明快，能展现女性婀娜多姿的曼妙身材。

居住习俗

在广袤的西藏高原，矗立着风格多样、形式各异的民居：既有农区和半农半牧区"屋皆平头"的楼房，又有藏北牧区的帐篷世界，还有林区的木构建筑，更有珞巴、僜人的"长房"以及门巴的干栏式木屋，均以其独特的个性直观地展示了西藏各民族和各地区居住文化的魅力。

西藏居住文化历史久远。新石器时代的卡若遗址房屋建筑是西藏民居建筑的滥觞。在其后几千年的演进中，西藏民居不断发展、丰富和完善，并带着厚重的时代印迹。

❋ 夏日帐篷　　　　　　　❋ 牛毛帐篷

一、民居类型

西藏民居的结构和类型因不同地域的地理环境、气候条件和生产方式的不同而表现出较大的差异。从总体上看，牧区传统的民居是以帐房为主，农区和城镇的住宅则是石木或土木结构的楼房。

帐房

以帐篷为屋，这是西藏牧民千百年来的居住样式。逐水草而居的游牧生产方式，决定了牧民的频繁迁徙和居无定所，帐篷这种易搭易拆、方便实用的居住样式便成为人们在长期生产生活实践中的唯一选择。

藏北牧区的帐篷主要有"黑帐"（牛毛帐篷）、"白帐"（羊毛帐篷）、"黑顶"或"花帐"（厚布帐篷）和"布帐篷"等类别，其中"黑帐"与人们的生产和生活关系最为密切。

牧民长期住帐房的习俗现在有了很大的改变。从20世纪80年代开始，西藏牧区开始修建固定住房。今天的西藏牧区，世世代代以游牧为生的牧民结束了居无定所的时代，除放牧需要住帐篷外，牧民都有了固定住房，居住条件明显改善。

楼房与平房

西藏农区和城镇的民居,大都有二三层的楼房或一层的平房,也有高达四五层的建筑物,"屋皆平顶"是其共同特征。

从有关史料可知,"屋皆平顶"的藏式民居建筑式样和风格至少已有1000多年的历史。《新唐书·吐蕃传》云:"屋皆平上,高至数丈。"由此可知吐蕃时期民居的建筑面貌。

西藏腹心地区的农村和城镇居民居住的房屋称为"慷巴",有楼房亦有只建一层的平房。农区的楼房多为二层,一般为石木结构。墙体多为石砌,一层方石叠压一层碎石,以泥合缝。有的地方,墙体下部为石块垒砌,上部墙体为板夯土墙。还有的地方,作墙体的材料为土坯砖,往往以石、土、砖混合使用作墙体:墙体下部为石砌,中部为

❀ 工布江达县农家木屋

定日一带民居

土夯，上部是土坯砖。墙体逐渐向上收缩，但内壁保持垂直。在内部建筑构造上，梁和柱不直接相连，柱头上平搁短斗，短斗上搁长斗，长斗上搁大梁，两大梁的一端在长斗上自然相接。梁上铺设檩条，檩条上再铺木棍，然后捶打"阿嘎"土做成楼面或屋面。"阿嘎"系藏语，意为"硬粘土"，是风化的石灰岩或砂粘质岩。阿嘎土有粘化作用，人们将阿嘎土捣碎，平铺加水长时间夯打密实和浸油磨光，干后坚硬如水泥，平滑同玻璃。"阿嘎"是藏区特有的一种建筑材料。

有的地方没有"阿嘎"土，则用一般的粘土夯实作顶。屋顶均为平顶，一般在屋顶四周墙上加砌女儿墙，女儿墙上先铺一排短木，短木上横铺长条木，上面再铺一层藏语称为"檐巴"的薄石片，最后捶打一层阿嘎土以保护墙体。在屋顶四角搭建约半人高的墙垛以插挂经幡。

住宅楼大多呈正方形或纵长形，底层为圈养牲畜或堆放杂物用，一般不开窗。二层为活动的主要场所，包括主室、贮藏室、经堂、楼梯间等。一般将前面较大的房屋作为主室，左右的小房间作贮藏室，楼梯间多位于主室右边的靠墙处，从这里可以通到各室及上下楼层。顶层，一般民居的顶层就是第三层，也有少数盖有四五层的。顶层多分作两部分，前为晒台，后为平顶屋，此屋既可作生产或生活性用房，又可装饰用作经堂或接待喇嘛、贵宾用。晒台则是人们打晒粮食、平日劳作和休息的地方。

农家的住宅多为一家一院。院墙有用柴薪堆积而成的，有夯土的，也有土坯砖垒建的。宅院的门一般都南向而开。

昌都一带为高山峡谷地带，大面积的平地较少，民居大都依山而建，一座座楼房比邻相接，高低错落有致，加之窗户门楣大多彩绘，画栋雕梁，气势非凡，甚为壮观。林芝、波密一带的民居住宅楼不用土石作墙体，整个建筑材料几乎全是木材，以木柱作桩、木梁作架，木板作墙和地板，屋顶也用木板，且结构为斜坡形。在多林木多雨水的森林地区，"屋皆平顶"就不适用了。

❀ 江孜帕拉庄园

八廓街民居

　　拉萨八廓街民居楼群,是围绕着大昭寺逐步发展起来的,是西藏城镇传统民居的典型代表。其布局和结构为:四面楼房相围,中间为庭园,内院为回廊形式,独门独院。墙体用石块或土坯砌墙,墙厚窗小,门低矮。楼以二层和三层为多,屋顶为平顶。土石结构的外墙涂白粉,窗框和窗台涂黑色。院内有水井,宅院东西两侧各有公厕。一座宅院内可住近10户人家,每户有2至4间房屋。院门大都朝向大昭寺。

　　除楼房外,西藏各地还有大量单层建筑的平房。平房的建筑材料和建筑样式与楼房建筑无异。平房的宅院一般较大,砌高大的围墙,宅院内圈养牲畜、堆放杂物，还是人们劳作的地方。现在，仍有许多人修建单层的"退休房"，只是占地更宽，设施更完备，装饰更豪华。

二、室内装饰

　　牧区的帐篷室内陈设简单，装饰少。一顶帐篷的使用面积一般为20—30平方米，小的则只有十几平方米。帐篷正中设灶，后部为佛台，佛台用装有物品的毛皮口袋铺设织毯搭成，上供佛像、黄缎包裹的佛经或活佛的照片，放有净水碗和酥油供灯。衣物、粮食口袋和其他生产生活性杂物沿帐篷四周边角码放，这样既可有效利用室内空间，还可起到一定的挡风作用。室内分为几个活动区。靠近门的帐内南角称为"阴帐"，是以女主人为主的妇女们活动的地方，也用作厨房，也可在此制作酥油、奶渣等食品，有的人家用土石垒架，上放日常使用的器具。帐内北角称"阳帐"，这里铺着牛皮或羊皮等垫子，是男人的居处，也是待客的地方。常常依客人、兄弟和户主的地位和辈份就座。帐篷中火灶两边的空地则是人们白天活动、吃饭，晚上睡觉的地方。睡觉时，地上铺毛毡或牛羊皮，上盖藏袍、藏被或氆氇。现在牧民新修的定居房室内陈设和装饰远比帐篷丰富，不仅室内有各种藏式家具，收音机、录音机和电视机等现代家用电器也已进入了普通牧民家。有的房屋建筑高大，装饰华丽，庭院宽阔，与传统的帐篷民居形成了鲜明对比。

　　农区和城镇的民居因生产生活条件的差异而在居室结构和装饰上有所不同。农区民居的底层多用来圈关牛羊等牲畜家禽，城镇民居底层既可住人又可堆放各种杂物。二层多作居室，根据房屋的大小，一般用木板隔成三五间不等，分别作为卧室、客厅、经堂、厨房和贮藏室等。房屋小的人家往往将二层靠前的较大房间作为主室，人们的日常起居、待客等均在主室，一室多用。经堂是居室结构中的重要组成部分，一般都要根据家庭条件用或大或小的专门房间作为供奉神佛的经堂。

过去一般人家日常起居不用床铺和椅凳，多是在主室内靠窗沿墙摆放一圈称为"卡垫"的铺垫，上铺毛织藏毯，"卡垫"前面放一张称为"觉孜"的藏式矮桌，供家人和客人饮茶用膳之用。"卡垫"是藏族生活中不可缺少的生活用品，人们平时睡卧起坐均用"卡垫"。现在城镇居民睡觉早已用床，床架称为"垫架"，仍多以"卡垫"作垫。"垫架"类似单人床，宽约1米，只能睡1人。大床称为"聂赤"，有木床、席梦思、钢丝床等。毛织"卡垫"是极富民族特点、美观实用的生活用品和手工艺品。

居室内摆放的家具主要有藏柜和藏桌。藏柜有"比岗"和"恰岗"等类别。"比岗"高1米多，上部对开门，内镶玻璃，可放书等物品，多放置于室内的一角。"恰岗"意为"双柜"，因此必须成对摆放，多靠墙放置于居室的正面。"恰岗"格内可放东西，佛龛多摆放于"恰岗"之上。"觉孜"为高约60厘米、面宽80厘米的方形藏桌，三面镶板，一面设两扇门，桌腿造型别致，形似狗腿。有的藏柜用料考究，精雕细刻，制作甚为精美，刷涂土漆后锃亮发光。多数藏柜是在柜的表面（靠墙的一面除外）绘各种图案，常见的有八祥徽、仙鹤、鸟兽、花卉等，色彩艳丽。

厨房多为单独的房间。火灶一般设在厨房的一角，也有的设在与门相对的墙的正中位置。过去，火灶多是三角铁灶台，烧火时的烟雾通过屋顶特设的天窗出去。现在城镇和农村许多地方都使用设有烟道的连体灶台，人们再也不受烟熏火燎之苦。靠近灶台的墙壁上挂放水瓢等器具，人们喜欢用铜质水瓢，盛水缸也喜欢用铜缸。过去，锅多是"汉阳"铝锅和铜锅，平时擦拭得锃亮，整齐摆放一排。此外，酥油筒、

第一章 茶醇酒香 色彩斑斓 —— 西藏生活民俗

❈ 藏族民居室内陈设

　　酒壶酒筒、糌粑盒等生活器具都按不同的位置摆放于厨房中。厨房里，多数人家安放有供家人平时用餐的餐桌，如有客人，则多在主室待客。

　　许多人家设有专门供家人礼佛的经堂。经堂内的陈设多是在靠墙处放一对"恰岗"，"恰岗"上面设"却雄"（佛龛），"却雄"内放置或塑主供的佛像。拉萨一带多供"师徒三尊"塑像，昌都、类乌齐一带多供莲花生大师塑像，也有的供三世佛、度母、观世音、金刚手等，佛像有泥塑、银质、铜质或唐卡等类别。在"却雄"前面的藏柜顶上摆放三排称为"顶"的铜制净水碗，每排7个，每天献供净水。佛龛下有称为"波雄"的木制长方形香炉，雕刻精美，古色古香。经堂内的墙壁则根据各自的经济条件或用色涂墙或绘壁画，也有的是在墙上贴纸唐卡佛像。富裕人家常把经堂装饰得富丽堂皇。

　　藏族民居的建筑装饰因各自经济条件的不同而差异很大，富者可以雕梁画栋，经济条件较差则装饰比较简单。有条件的人家在柱

45

门楣装饰

梁斗拱上绘装饰图案，在内墙上方绘三色条纹花饰，下方涂乳黄或浅绿色颜料，色彩鲜艳，对比强烈。人们喜欢在室内悬挂诸如《和气四瑞图》《六长寿图》等画，象征家庭的和睦祥瑞和家人的长寿健康。在宅院大门内的门廊两壁上多绘驭虎图和财神牵象图，象征禳灾纳祥、招财进宝。

藏族民居注重对门的装饰。大型宅院的大门由门框、门楣、斗拱组成。门楣连着斗拱，斗拱多用蓝、红、绿三色彩绘，门楣上印烫金符咒。门楣的上方形成凸字形状，中间留有约一尺见方的空间，用木头做框，镶以玻璃作为佛龛，里面供奉主人崇奉的佛像或圣物。最顶上安放一对牦牛角。门框边的墙体用黑漆涂绘，上宽下窄。大门多为单扇，颜色朱红或乌黑。西藏各地民居多在门上绘日月形或"雍仲"图案，在门楣上方放置白石或安放牦牛角。

第一章　茶醇酒香 色彩斑斓 —— 西藏生活民俗

　　西藏民居的外墙颜色主要是白色，但各地在色彩的选择和搭配上又有差异。拉萨林周一带，许多民居的墙体呈当地泥土的自然土黄色。建房时，人们采用当地的细泥土抹墙，并用手指在墙体上由上往下划半圆形或弧形图案，纹饰自然美观。日喀则市萨迦一带的民居墙体以深蓝灰色为底色，再竖画白色和土红色的色带，十分醒目和别致。定日县的民居则为白色院墙，而在墙檐和窗户上涂饰黑色和土红色的色带。这种色彩上的变化与当地的宗教信仰和地域文化传统有关。萨迦民居风格显然是受萨迦派的影响而形成的，萨迦南寺高耸的寺墙至今仍是深蓝灰底色再涂绘白、红色带。定日一带民居以白为底色再涂抹黑、红色带的习俗来源仍同宗教信仰有关。当地人最崇奉的是观世音、文殊和金刚手，即"日松衮波"（三怙主），三色分别代表三位佛：白色象征观世音，红色代表文殊，黑色为金刚手；涂绘三色以示对三位佛教神祇的供奉。

❁ 萨迦"三色墙"民居　　❁ 民居房顶上的旗幡

47

值得一提的还有藏族民居屋顶上的装饰。屋顶四角（有些地方是在西北角和东北角）搭建插放旗幡的墙垛（称为"苏觉"或"勒序"）墙垛上一般插挂旗幡或称为"塔觉"的五色经幡，五色从上至下为蓝、白、红、绿、黄，分别象征蓝天、白云、火焰、绿水、黄土。旗幡上印有祈福禳灾的经文。有的"苏觉"上插挂树枝或形似长矛、顶部为日月形的法器，直指蓝天。阿里普兰县民居在屋顶四角树木杆，上系绳索拴挂五色旗幡，风吹旗幡迎风飘荡。旗幡在每年新年和重大喜庆节日时还要更换。屋顶的"塔觉"装饰是西藏民居最富民族特色的装饰之一。

三、起居礼俗

　　藏族起居礼仪从建房择基、落成到日常生活都有许多礼俗和禁忌。

　　对任何家庭来讲，修房建屋都是一件十分重要的大事，从选址择基到修建搬迁每一个环节都极为重视。整个建房过程中较大的仪式有六项，即选址仪式、奠基仪式、立柱仪式、封顶仪式、竣工仪式和乔迁仪式。

　　修房选址择基时多请喇嘛打卦卜算，以确定房屋的最佳方位和开工时间，这个仪式称为"萨都"或"土达序"。地基选好后，择吉日举行"萨各多洛"的破土仪式，一些地方将破土仪式和奠基仪式合二为一。届时，需请喇嘛到现场诵经做法事，在宅基地前摆"五谷斗"，设祭台，置供品，燃放桑烟，向土地神和龙神赎地基为己用，并祈求人畜安康，风调雨顺。正式开工仪式称为"粗敦"，修房的主家要向修房工匠和参加仪式的乡邻献哈达、敬青稞酒，并在离地基不远的显眼处树一根带杈木棍，上挂称为"九宫八卦图"的图案。在房屋建造至一半，即将上梁立柱时，要举行"帕敦"仪式。封顶仪式称为"拖羌"，有时同竣工仪式一道进行。当房屋快竣工时，留出一小块屋顶不填土，举行封顶仪式。届时，亲戚朋友都来主家，象征性地填土，表示参加了房屋的修建。来客均要带茶和酒等礼物，给主人献哈达，向主人祝贺新房落成。当日，主家准备丰盛的酒饭，在新屋主室内安置座位，请工匠师傅入座，向他们敬"三口一杯"酒，献哈达，同时给每位参加建房的人分送酬金和礼物，感谢他们的艰苦劳动。来宾也向工匠们敬酒献哈达，还向每根立柱献哈达。人们尽情享用酒饭，分享新屋落成的欢乐。

乔迁仪式称作"康苏"。新屋落成后，何时搬迁必须请喇嘛择算。拉萨地区的"康苏"仪式，第一天的活动称为"颠遮"（意为"祝贺"），第二天活动称作"土卓当"（意为"欢庆"），第三天的活动叫"卓桑"（意为"结束时煨桑"）。客人来参加庆贺仪式，过去多带酒、肉等礼物，现在人们多送礼金。过去，首先给新屋的佛龛、梁柱、水缸献哈达，再给主人献哈达；现在，主要给新屋的主人献哈达。敬献哈达时，说一些恭喜、祝福的话，向主人祝贺道喜。主人准备丰盛的酒肉菜肴供客人享用，人们跳舞、唱歌、打藏牌、掷骰子、打麻将，根据自己的

❁ 阿里地区札达县托林镇新居

49

喜好参加各种娱乐活动。第三日在太阳未落山之前举行"卓桑"仪式,整个庆祝活动结束。

"卓桑"仪式很有特点。举行时,在室外的庭院内或空地上用白粉划一个大圆圈,圈内绘各种吉祥图案,正中安放五谷斗、桑烟钵和酒坛。客人们围成圆圈,主人给每位客人献哈达,敬"切玛",每位客人都抓一些糌粑粉在手上。这时,点燃桑烟,由一人在前领舞,唱高亢的藏戏,众人尾随其后翩翩起舞。领唱者在一阵高亢激越的歌唱后,大声呼"索、索、吉吉索索",众人齐声和合,道"拉杰罗",反复三次。众人每呼一次,便抛撒一次糌粑粉,最后一声呼喊将糌粑粉全部撒向空中,人们的头上、身上和地上白茫茫一片,气氛达到高潮,仪式也就此结束。

在建房过程中,还有许多富有特色的礼俗活动。昌都一带在建房筑墙时,人们手持木舂,边舂泥土边歌舞,唱雄壮铿锵的打墙歌:

我爱家乡类乌齐,
青山绿水景色美。
打墙的人们快快打哟,
青山绿水景色美。
鲜花的芳香飘万里,
圣佛的加持领不完。
打墙的人们快快打哟,
圣佛的加持领不完。
宏伟的神殿多壮观,
打墙的汉子双手建。
打墙的人们快快打哟,
打墙的汉子双手建。

与昌都男子汉们雄浑激越的《打墙歌》不同，卫藏地区在建房时妇女们要唱一种轻快悠扬的《打阿嘎》歌。打阿嘎前，人们要打扮装饰一番：手腕饰以念珠及小海螺镯子，工具木柄上饰以小铃铛。打阿嘎时人们站成两队，手持叮当作响的工具，伴以轻快有序的节奏，边打阿嘎边歌舞。其中日喀则康玛一带歌唱：

阿嘎不是泥土！
阿嘎不是石头！
阿嘎（是）金刚山的，
一种特殊宝物。
阿嘎铺在屋顶，
暴风骤雨都不怕。
阿嘎铺在室内，
满堂处处闪光辉……
阿嘎明亮如镜，
唱歌的人儿风采传情。
猛虎般的小伙，
甜言蜜语来亲近。
右边转呀右边转，
右边地上一二三。
左边转呀左边转，
左边地上四五六……

如今，不论是城镇还是农牧区，人们的居住条件都大为改善。人们的居住习俗正悄然发生变化。过去牧区群众逐水草而居的状况已经彻底改变，人们搬迁进了固定的居所。盖房使用的建材极为丰富，钢筋水泥等现代建材在建房中广泛使用，过去矮小的门窗现在已变成宽大明亮的落地玻璃窗，过去只有贵族、庄园主们才能住的高大华丽楼房，现在普通农牧民都已住上。城镇居民的住房条件也显著改善，普通居民大都建有不同规格的新房。这些新建房屋，既有现代化的室内设施，如各种家用电器及现代新潮家具和物品，又保持着藏族民居传统的建筑风格，特别是平顶和各种装饰。西藏居住文化在传统与现代的交互影响和撞击中焕发出夺目的光彩。

林芝新城

第二章

灵魂之礼 生命之仪
西藏人生礼仪

藏族人的一生，可以说是礼仪的一生。从呱呱落地的婴儿，到成年后的婚嫁；从弥留时的关怀，到死后灵魂的升天，都有一套完整而复杂的仪式。这是藏族人日常生活的重要组成部分。

诞生礼

诞生，是人一生的开始，诞生礼是对婴儿降生人世的一种接纳仪礼，反映出人们对人口出生、生命延续的重视。

传统的藏族社会，在陈旧观念影响下，妇女在经期、怀孕和生育过程中都被视为不洁，加之缺乏必要的医疗卫生保健，孕妇和产妇往往得不到合理的照顾和护理，婴幼儿死亡率很高。

怀孕初期，普通家庭的孕妇在饮食上并无特殊照顾，有条件的人家不时会给孕妇改善伙食，补充营养。怀孕后期和临产前，各家视经济情况给孕妇补充肉类和酥油等营养丰富的食物。

过去孕妇临产时，牧区妇女多在牛圈内或另外搭建的简易帐篷内生产，农区妇女也不能在日常睡卧居住的室内，需要到牛棚羊圈内分娩。无专门的助产婆，多由产妇的母亲或婆婆帮助接生。产妇分娩时，丈夫一般不在跟前，要尽可能离开。据说，孩子父亲在分娩现场的话，婴儿害羞不容易生下来。如遇难产，要请僧人念经祈祷。

家有产妇，一般在门上系挂红布条或设特别标记，告示外人不能随便进入。

婴儿出生的第三天（女孩是第四天），要举行藏语称为"旁色"（"旁"藏语是"污浊"之意，"色"是"清除"的意思）的诞生礼仪式。

藏族人认为，小孩出娘胎会带来诸多污浊和晦气，如不消除这些晦气，将会对孩子的成长不利。举行"旁色"仪式，也就是为孩子消除污秽，预祝孩子健康成长。"旁色"仪式之日，亲朋好友带着礼物来参加活动，进屋时要先给产妇和襁褓中的婴儿献哈达，给产妇敬酒、倒茶；然后端详初生婴儿，说一些吉祥、祝福的话。婴儿在满月之前一般不出门。

婴儿满月之后，择吉日举行"国敦"即出门仪式。当天，母亲和孩子在亲人的陪伴下出门，首先去寺庙朝佛，祈求佛祖菩萨保佑孩子无病无灾，健康成长。然后去有福泽（诸如儿孙满堂、家境富裕等）的朋友家串门，期盼孩子将来也会建立幸福美好的家庭。孩子第一次出门，有在孩子鼻尖上抹锅烟灰的习俗，这是为了避免孩子出门时被鬼灵发现。

如今，西藏城乡的医疗卫生条件得到很大改善，妇幼保健事业迅速发展，藏族妇女懂得了许多妇幼保健知识，加强了孕期保健和产后护理，彻底改变了妇女儿童体弱多病、婴幼儿死亡率高的状况。城镇妇女在孕期一般都去医院做定期或不定期检查，大多在医院分娩。农牧区也建有各级医院或诊疗机构，为群众提供免费医疗服务。农牧区妇女就近去医院生产或请医生到家接生。

取名习俗

在藏族人看来，为孩子取名是一件十分郑重的事，它关系到孩子的成长和今后一生的发展，大多要请活佛高僧或有威望的长者取名。有时父母也根据自己的意愿为孩子取名。取名的时间一般在孩子快满月之时，也有在孕期就请活佛提前取名的。过去平民百姓向活佛或喇嘛求取名字时，没有什么特殊仪式，只需向活佛或高僧敬献一条哈达、

❋ 穿着民族服装的藏族儿童

几两藏银,说明婴儿性别。贵族上层则常常将婴儿抱去向活佛献发,活佛剪去婴儿一小撮顶发,以此象征剃度,然后取一个吉祥的名字。如孩子长大后出家(或在家)为僧,仍需经堪布、翁则或活佛等高僧重新剃度取法名。活佛、堪布等在给孩子取名时,其名字总是带有较为明显的宗教色彩。

藏族人名的内涵十分丰富,其取名方式多样,常见的有:

与宗教相关的名字,如丹增(圣法)、塔巴(解脱)、多吉(金刚)、曲珍(佛灯)、雍忠(苯教的"万字纹"符号,象征永恒,该名为苯教僧人或信徒之名),等等。与宗教相关的名字在藏族人名中占有很大比重,这一现象既反映了宗教对藏族社会的深刻影响,又体现了藏族取名的一个重要特征。

表达祝愿与赞美,如次仁(长寿)、德吉(幸福)、扎西(吉祥)、桑珠（遂意）、索朗（福泽），等等。

纪念出生日期，如边巴（星期六出生者）、达娃（星期一出生者）、次杰（藏历初八出生者），等等。西藏民主改革以后，藏族人的名字还有以现代节日取名的，如国庆、五一等，反映了时代的变迁。

表达生育、节育愿望，如仓姆决（终止生育）、普赤（招弟），祈求下一胎生男孩，等等，最常见的是以上名字。这一类名字主要由父母所取。"仓姆决"表示不想再要孩子，"普赤"则表达了想要男孩，因前几胎所生均为女孩。

以自然物命名，多表达一种祈愿，如嘉措（大海）、噶玛（星星）、美多（花朵），等等。

藏族给孩子取名的方式还有多种。比如，为避免新生儿遭遇不测，故意给孩子选取贱名，以躲过劫难，这样的名字常见的有：其甲（狗屎）、帕甲（猪粪）、普科（丑孩）等。如有的孩子生病或遇灾祸后大难不死，多给孩子改名为西洛（死里逃生）。父母对最幼小的儿女表示爱抚和亲昵，取名琼达（毛毛）、琼吉（安乐小宝），等等。

上述名字均为两个音节，而现实中藏族的名字多是四音节。其实这并不矛盾，因藏族人名的构成绝大多数都是两个双音节的合成词（贱名和昵称等除外）。如上述名字都可能组成四音节的藏名，如达娃次仁、巴桑罗布、索朗嘉措、边巴顿珠等。人们日常称呼时，既可称全名，也可用简称。简称有两种形式，一种是取第一和第三音节，如索朗平措，可简称为"索平"、巴桑旺堆，简称为"巴旺"。第二种形式是只叫前两个音节或后两个音节，它们均有独立的词义。如"巴桑罗布"，既可简称巴桑，也可称罗布。"丹增伦珠"既可叫丹增，又可称伦珠。根据平时人们称呼的约定俗成，简称中以第一种情况居多，具有代表性。

婚姻习俗

藏族婚俗文化的形成有着悠久的历史渊源。早在远古时代，藏族先民就按一定的婚姻制度组建家庭，聚族而居，并形成了一套相关的礼仪习俗。藏族的婚恋礼俗，从择亲选偶、订亲迎娶到婚后习俗都具有鲜明的民族与地域特点。

一、通婚范围

藏族传统婚姻的缔结看重对方的血统、地位、门第和财富，追求"门当户对"的婚姻，这在城镇表现尤为明显。

婚姻缔结中一个最大的禁忌是近亲结婚。有父系血缘关系的人无论相隔多少代一律不得婚配，有母系亲属关系的人原则上亦不得婚配，若婚配，至少应隔五代甚至八九代人方可。在西藏农牧区，人们是以"骨系"来确定通婚的范围。骨系多以父系的血缘来计算，同一骨系的后代属永久禁婚之列。有时也出现这种情况，由于年代的久远，人们已不清楚婚配双方是否存在亲戚关系，但只要知道过去曾是亲戚关系，不管隔了多少代，人们会自觉恪守禁婚规则。在人们的观念中，近亲通婚是最不吉利的事，会生下畸形婴儿，会给家庭、村庄和草原带来灾难。

婚姻是否缔结，还要看男女双方的生肖是否相克或相冲。人们十分忌讳生肖和属相相克相冲，认为生肖相克婚姻不会幸福，夫妻间会吵架、打架或离婚。五行中水克火、火克金、木克土、土克水。十二属相中从某支起，间隔六个，其第七支与之相冲。长期以来，人们把五行是否相合相克看得较重,婚前需测算男女双方是否匹配,不相合则一般不成婚。当然,这一禁婚原则并不十分严格,城镇、农村和牧区以及不同的地方也有灵活性差异,有时生辰属相不合还可请僧人或咒师做法事化解。

在不违背近亲通婚和等级内婚的前提下,藏族青年男女的婚恋有着较大的自由,人们在劳动生产和各种社交场合可以自由交往和谈情说爱。当然,这种自由是相对的,传统婚姻多为父母之命、媒妁之言的包办婚姻,贵族上层的婚嫁尤其如此,子女没有多少婚恋自由可言。贵族间的联姻多是一种政治行为,考虑的是家族的利益,包括家庭的政治地位、财产继承和社会地位,借联姻扩大自己的地位和声望,因此不会也不可能考虑子女的情感。平民的情况则不同,虽然婚嫁与否的最终决定权在父母,但子女在选择配偶时有较大的自由,家长会充分尊重子女的选择。事实上多数情况为子女自由恋爱后,将自己的意愿告诉家长,由家长出面请人提亲和订婚,最后安排婚嫁。有的情况是家长相中了某男或某女,事先并不告诉子女,更谈不上征求子女意见,直到成婚前才通知子女。但这种完全由父母包办作主的情况较少,多数情况是由父母作主决定婚嫁,但事先会征求子女的意见,如果子女不同意这门婚事,家长会考虑孩子的意见。当然,藏族人对长者十分尊重,子女一般会听父母的安排。

如果说"门当户对"是家长择亲时的一条标准,那么年轻人在选择对象时更看重的是对方的个人条件,包括身体是否健康,长相是否英俊漂亮,品行是否端庄以及是否能干、有本事等。在牧区,男子有本事主要表现在搬迁牧场、捻绳子、打猎、屠宰和做买卖等方面,女子有本事则表现在挤奶、做酸奶、放牧、织氆氇等方面。农区的情况亦相似,在耕地、修渠、建房和买卖等方面可看出男子的本事,女子则表现在种田、挤奶、做酒、织布等方面。配偶是否能干，成为农牧区择偶的一个重要标准。将配偶的能干和有本事作为一个重要条件是不难理解的，因婚姻不仅仅是男女双方的结合，由婚姻的缔结组建的家庭承担着人的生存、繁衍和发展的重任，能干和有本事则是维系家庭生计的最基本因素。在气候条件差、生产力水平低的西藏农牧区，没有相当的劳动生产技能的"本事"，没有"能干"的素质，不要说发展和致富，连维持基本的生存都成问题。

如今，人们的择偶观已发生了较大的变化。伴随着社会的变革，过去严格的"等级内婚制"已不复存在，在不违背近亲婚姻禁忌的前提下，人们的婚恋更加自由，通婚范围不断扩大，藏族同其他民族、藏族同外国人的通婚不受限制。包办婚在城镇已基本绝迹，在一些偏远的农牧区虽不同程度地存在着，但子女在婚配上有着更大的自主权。无论在城镇还是农牧区，一个人的品质和德行（尤其强调"诚实"）是人们择偶的重要条件。职业和经济条件、社会地位人们亦较看重。城镇人在今天仍关注对方家庭的地位和条件，农牧区则看重对方的本事与能干程度，呈现出城乡不同的特点。在今天的西藏，无论城镇和农牧区，恋爱自由、婚姻自主已是婚恋的主流。

二、订婚

藏族青年男女一般十六七岁便进入可谈婚论嫁的年龄，可以参加各种社交活动。藏北牧区青年男女有一种称为"乞董"（意为"打狗"）的恋爱交友方式。所谓"打狗"，是指男女青年夜晚幽会时，男子骑马去女子住地，因怕狗叫而惊动姑娘家的人，男子会在赴会时带上一块肉扔给狗吃，人们形象地称之为"打狗"。当男女青年彼此有了感情愿意确定婚姻关系时，便会将自己的想法告诉父母，如果父母不反对，便会托亲友找媒人去女方家说亲。也有的是男方父母看中了某位姑娘,便托人去女方家提亲。

说亲或提亲是整个婚姻缔结过程中第一个程式化仪礼,各地在习俗礼仪的细节上略有不同。提亲人一般不由家人充任,而多由男方亲朋或村中有较高威望的人充当。提亲人藏语称之为"巴米"(意为"中间人"——媒人)。如果男女青年感情好,两家又熟悉,也可由男方家长直接去提亲。"巴米"或男方家长择吉日带酥油茶、青稞酒和哈达去女方家(多趁姑娘不在家时),向女方家长说明来意。如果女方家同意结亲,会接受男方家敬献的酒、茶或哈达,反之则表示拒绝这门亲事。双方同意后,便要请人卜卦测算男女的生辰属相是否相合,预测婚后祸福吉凶。如果吉利,便确定婚约。如不吉利,则有两种选择:一是就此罢休,另择佳偶;一是请喇嘛做法事驱邪消灾。

提亲之事大功告成后,双方父母便会商定吉日良辰举行"隆羌冬"("隆羌"意为"求亲酒")订婚礼。订婚之日,男方家带来青稞酒和酥油茶,给女方父母敬献求亲酒,还给女方家的每一位成员赠礼物,礼物的大小和多少视男方家的经济条件而定,大的可送衣物乃至首饰,小的送一条哈达亦可。但是,无论男方家的家境如何,有一件礼物必不可少,这就是给女方家母亲送的"奴仁"(意为"奶钱"),以感谢母亲哺育女儿的养育之恩。即使女孩的母亲已亡故,"奶钱"仍必须送。农区和城镇赠送的"奶钱"多是一条彩裙"邦典",牧区则送一头奶牛作为女儿母亲的"奶钱"。这天,女方家备酒备饭,招待男方家客人和参加订婚的女方亲属。过去城镇和部分农区在订婚仪式上还要写婚约,贵族之间订婚时出示婚约更是仪式不可或缺的一部分。婚约一式两份,由证人在仪式上高声朗读,核对无误后由双方家长当众盖上家族印章各自保管一份。订婚仪式后,男女双方不得轻易毁约,否则会受到舆论的谴责和众人的耻笑。如果男方毁约，赠送给女方的财物不得索回，还要追加一定的钱物。女方毁约要如数退还财物，另外还要给男方一些钱物以作补偿。订婚礼之后，双方便商定结婚日期，筹办结婚事宜。

三、婚礼

藏族婚礼的礼俗繁缛，活动甚多，各地在礼俗上不尽相同。

婚礼经男女双方商定并由喇嘛卜卦择吉日举行，过去农村结婚多安排在冬天农闲季节。婚礼前一天，男方家派出迎亲人去女方家迎亲。迎亲人员的组成有二人、四人、六人不等，其中一般有男方家的一名至亲、一名能说会道的人（有时专门请民间说唱艺人）、一名为新娘牵马的人，并且要带上礼物，包括给新娘的全套衣饰，给新娘乘骑用的打扮漂亮的马（怀有小驹的白马为佳）以及五色彩箭等。日喀则一带，迎亲所带的物品中除给新娘的一套衣饰外，还有一只腹腔中装有羊毛的整羊、一两袋粮食，还要带一个内装一块垫布的空箱。空箱是拿去索要女方嫁妆的。昌都柴维一带还要带一个称为"央吉"的吉祥袋去女方家，将其供奉于女方家的火塘上。迎亲人到女方家时，会受到隆重的接待。日喀则一带，当迎亲队伍到达女方家时，女方亲戚在门外等候，但不让迎亲人立即进家门，故意设题刁难，迎亲人必须"道吉祥"（藏语称之为"协巴"，系一种民间吉祥颂辞，多在婚礼、建房等喜庆场合唱诵），直到女方满意才让进屋。迎亲人中能说会道的道吉祥者会海阔天空地盛赞新娘家的房屋、大门、庭院以及所见到的一切。进屋后，女方家立即向客人敬献"三口一杯"酒，盛情款待迎亲人。饭毕，迎亲人会在院内打开空箱，拿出垫布铺在地上，索要女方的嫁妆，女方亲戚则要求在垫布的四角压上许多钱，欢声笑语不断。迎亲人需在女方家住一晚。现在农区的婚俗还保留在女方家住一晚的习俗，城镇居民结婚则提前一天将新娘婚礼上穿的衣饰及有关礼物送去，婚礼当日直接按卜卦的时辰去迎娶。

举行婚礼的前一天晚上，女方家要为即将出嫁的女儿举行送别仪式，女方的亲戚及亲朋乡邻都来参加。仪式开始时，"准新娘"坐于席位正中，伴娘紧靠其旁，左右分别坐父母、其他家庭成员及送亲人。前来迎亲者向新人敬献哈达，并将带来的"达塔儿"（五色彩箭）插在其背上，表示姑娘已是有主之人。然后由亲朋乡邻献哈达和送礼，礼品主要有一支前腿带胛骨的羊肉、糌粑油糕"麻擞"、衣服或衣料以及礼金。亲朋乡邻所送礼品安排由专人一一登记在册，以便日后回礼。登记礼品的册子称为"嘎托"。仪式结束后，人们饮酒唱歌、通宵欢庆。当天，女方家通常还需将娘家的嫁妆移交男方家，有的迎亲后才将嫁妆送去。

第二天清晨（即婚庆大典之日），根据卜算确定的时间迎新娘出门。新娘穿戴着从男方家带来的全套衣饰，在伴娘的陪护下，缓缓走出家门。昌都柴维一带，新娘临行前，要站在屋外特设的毡垫上听母亲的教诲，新娘母亲会谆谆教导女儿今后做人的道理和规矩，并给女儿献哈达。出门时，想到自己就要远嫁，再也得不到慈爱父母和亲人的关照，新娘会哭泣不已。出门时，迎亲人在前面边走边挥动手中的哈达高喊"招纳福祉罗，招纳福祉罗"；女方家人（多是父亲或长兄）则站在自家屋顶上用右手朝迎亲队伍走过的方向挥舞哈达（有的地方手举彩箭、挤奶桶，并举着羊腿在空中环绕），边挥边喊"留下福祉，留下福祉"。这个仪式藏语称之为"央固"，意为招财引福仪式。人们认为，姑娘出嫁，往往会把家中的财运带走，为了留住家中的财气，需要举行"央固"仪式。用举彩箭和绕羊腿招财引福的习俗产生年代久远，是古代苯教盛行时期的仪式。

❖ 在婚礼上，民间艺人以"折嘎"说唱方式祝颂婚庆。

迎亲队伍的顺序一般为：走在队伍最前面的领队多为属相好、穿白袍、骑白马、手中举着"斯巴霍"（九宫八卦图）的人，其后依次是迎亲代表、新娘、伴娘和其他送亲人。女方送亲人之中也有一位能说会道之人。过去一般都是骑马，每匹马都精心打扮装饰。现在迎亲时，路途近仍骑马，路途远则用汽车或拖拉机。城镇的婚礼都是用装饰一新的婚车迎接新娘。

迎亲途中，遇见背满水或其他东西的人视为吉祥，迎亲人会向这些人献哈达。如遇见背空筐、抬病人、倒垃圾的人则认为是不吉利，这些人看到迎亲队伍过来一般都会自觉回避，如果不巧碰上，主家在婚后会请僧人念经消灾。迎亲途中，道吉祥者会对沿途的风光即兴描绘和赞美。

如迎亲之日天气晴朗，道吉祥者唱道：
太阳金光映积雪，雪峰沐日分外艳。
一时片云横遮拦，莫非雪峰也怕羞。

路过当地的河流，作歌道：
旭日光耀村旁河，好似银河落草原，
莫非良缘感天神，献上银河作哈达。

当见到草原上的牛羊，作歌道：
黑白牲畜通人情，各自排成仪仗队；
哞哞之声震草原，对着新娘在道喜。

道吉祥者总能将沿途见到的景物人事同迎亲的特殊日子巧妙地结合起来，增添了祥和喜庆的气氛。

当迎亲队伍快到男方家村口时，男方家安排敬酒人在村口迎候，人们一一下马，接受敬酒人敬献的"切玛"、酒和茶。

迎亲队伍到达男方家大门外时，大门、院落内外已装饰一新，在大门两侧立放有黑白两种颜色的大石，安放好专为新娘准备的下马垫，其垫内装有青稞、小麦和盐巴，上铺五彩锦缎，缎上用麦粒或面粉画"雍仲"吉祥符号。男方家的主要亲属在门前迎候。西藏各地从新娘下马、进门、入座都有一系列礼俗。大致为，下马后绕转祭祀时象征吉祥神灵的白石，踢翻表示不吉、邪魔的黑石，送亲人中能说会道者依次赞颂男方家的下马垫、大门、看家狗、楼梯等，然后新娘才进门入座。各地礼俗大同小异，具有地方特点。下面是日喀则岗巴一带迎亲队伍到达男方家时的礼俗活动：

迎亲队伍快到男方家时，邻里乡亲在男方家门口立一块叫做"切尔朵"的白色大石和装满羊粪蛋的大袋，旁边搭个神垒，插上新娘的魂树（一根有三个树梢的枝条）。迎亲队伍行至家门口，迎亲使者先下马，把马拉入马厩。一位邻里乡亲走到送亲人跟前抛下替身物品（寓意消灾）便立即走开，以阻拦新娘那地方的鬼神随其而来。这时，有人对送亲人连喊三声："到我们这地方不许纵马横行，就是雄鹰也得以恭敬低位状而来。"送亲人答道："新娘乃是播撒花种者，梳理一根发辫者，为啥不许纵马横行？"接着骑着马走到门口，从马背上提问道："以须弥山为中心，你家有几座秀丽的山？以绵羊毛滩为中心，你家有多少大草坝？以神骑鹅黄马为主，你家有几匹善跑骏马？以格萨尔为准，你家有几个骁勇之子？"对此，男方家人视家中特点作答。之后，送亲人下马，接受两个姑娘或少妇敬献的"切玛"和青稞酒，给新娘魂树粘上三片酥油花，手抓魂树连摇三下问：魂树是否牢固？答道：固

藏家婚礼

若金刚岩。尔后,婆婆将新娘自马背抱下地,下马时新娘的双脚先落于用青稞画有"雍仲"字永固符的藏式方桌(代垫脚马蹬)上,随即走下地。婆婆让她右手提着挤奶桶,左手拿着拴牛绳;由婆婆扶着绕大白石、羊粪袋、神垒和魂树转三圈;然后才被迎进家门。

新娘进屋后,与新郎一道坐于主室的正中位置,新娘旁坐伴娘,然后是双方的亲友按辈份长幼围坐一圈。新人的座垫上用麦粒摆放"雍仲"图案。入座后,送亲人首先起身向佛像(佛龛)、房柱、"切玛"斗及酒坛等赞颂、献哈达,然后男方家向新人及送亲人敬献"切玛"、哈达、酒和茶,男方家的好友乡邻也分别向新人及双方家人献哈达和礼品。此间,道吉祥者会滔滔不绝赞颂新郎、新娘及双方父母,赞颂房屋、美酒、彩箭等。

婚礼时间的长短视主家的经济条件而定,多的十几天,一般五六天,但最少应举办三天。婚礼期间,男方家准备大量酒、饭款待客人,亲朋乡邻也会赠送许多礼品。西藏一些地方还有"守日"的习俗。所谓"守日",就是与男方家关系密切的挚友承担婚礼期间某一天的吃喝开销等费用。

举行婚礼时,最活跃和最出风头的人是道吉祥的人。他们口若悬河,赞美之辞滔滔不绝,天文地理无所不涉,但又都与婚庆紧密相联,其赞颂辞优美动听,常引得众人阵阵喝彩。

道吉祥者描绘婚礼场面后,手持哈达,叙说哈达的来历:

哈达来源于汉地,七位汉女将它织。
这条哈达名阿西,哈达之中为上品,
边有"雍仲"永固图,中间织有八瑞相,
旁边织有右旋螺,两头织有吉祥文。

挥向天风调雨顺，挥向地五谷丰登，
挥向左六畜兴旺，挥向右众生平安。

道吉祥者将哈达献给新郎新娘，然后又歌颂新婚夫妇道：

新郎好似神柏树，四季常青不变色。
常识渊博多谋略，权势富贵与山齐，
武艺超群且英俊。
新娘美貌赛天仙，含笑犹如睡莲开。
两眼好似巨星明，头发黑如乌鸦羽，
脖子就像宝瓶颈，声若杜鹃鸟啼鸣，
细腰扭动似藤竹，牙齿好似白螺串，
小嘴就像一点红，启齿含笑把人迷。
从此新娘把家主，但愿持家拢人心，
尊老爱幼勤操劳，发家致富众人敬。

向新郎新娘献过哈达后，又向双方父母敬献哈达，并赞颂一番，祝福吉祥。然后手持彩箭，说唱道：

彩箭竹杆南谷户，南子三兄将它砍，
汉地花绳将它捆，藏地犏牛将它运。
彩箭装有铁箭头，象征杀敌不遗漏。
彩箭共有三竹节，象征济世三怙主。
彩箭箭翎上朝天，象征度人的三宝。
彩箭饰有五彩绸，象征除邪招五福。
彩箭装饰小海螺，象征儿孙多财富。

彩箭挂有银质镜，象征光耀四大洲。
彩箭插予新娘子，从此不得有二心。

唱毕，将彩箭插在新娘的衣领上。

此外，道吉祥者还赞颂"切玛"斗、媒人、酒、茶等等。道吉祥者不仅诵唱祝辞，还常常讲出一些诙谐幽默、令人捧腹的逗笑语，使婚礼气氛喜庆而热烈。

婚礼期间，最忙和最热情的是称为"羌玛"的酒女。她们负责向客人敬酒，来往穿梭于宾客之间。为了使客人喝得满意称心，她们唱歌跳舞，劝客人多饮酒。藏族的酒歌和对歌大多即兴而发，很有特点。

下面是西藏岗巴一带婚礼上的几首对歌：

饮酒者：
四只古瓢挂四方，你能一一道来否？
你若不说听我言，此酒当由你来喝。

酒女：
要说四方四古瓢，东头挂有古铜瓢，象征汉地浓香茶；
南面挂有长柄瓢，象征甜蜜甘蔗糖；
西头挂有福禄瓢，象征藏地陈佳酿；
北面挂有短柄瓢，象征藏北水晶盐。

饮酒者：
东有三种白色物，你能一一道来否？
你若不说听我言，此酒当由你来喝。

酒女：
东方三种白色物，一是太阳暖人间，
二是月亮耀大地，三是金星启天明。

饮酒者：
上下共有十二门，你能一一道来否？
你若不说听我言，此酒当由你来喝。

酒女：
要说上下十二门，三扇门来圣智门，人称那是春三门；
三扇门来禳灾门，人称那是夏三门；
三扇门来如意门，人称那是秋三门；
三扇门来自闭门，人称那是冬三门；
上六门来下六门，春夏秋冬十二门。

饮酒者：
沟头沟中和沟尾，各具三种白色物。
你能一一道来否？
你若不说听我言，此酒当由你来喝。

酒女：
沟头三种白色物，长毛公牛蹄尖白，
黑白母牛乳头白，哺乳牛犊鼻尖白。
沟头三种白色物，酿酒阿妈牙齿白，
黄色铜瓢粘花白，酒女海螺手镯白。
沟头三种白色物，休耕田地神石白，
鹅黄神骑后跟白，哺乳小驹鼻尖白。

歌美酒香，人们在婚礼期间痛饮狂欢。除唱歌跳舞等娱乐活动外，人们还玩藏牌、掷骰子、打麻将等，每人根据自己的喜好参加活动。

婚礼结束那天，全体客人参加"卓桑"仪式，仪式上煨桑、唱"协钦"大歌，抛撒糌粑粉，祈求神灵保佑，祝福主家吉祥安泰，其仪式的过程和形式同建房时的乔迁礼"康苏"相似。仪式结束后，亲朋乡邻可以陆续回家，但不能在同一时间告辞，而是分期分批离开，以免有人去楼空之嫌。客人辞别时，主人和留在家中的其他客人送到大门，向他们敬献"切玛"、酒和哈达。客人离开时，边念诵吉祥的祝辞，边往主人家方向抛撒青稞或糌粑。

现在农牧区举行婚礼传统色彩仍较浓，古朴、风趣、热闹而隆重，仪式色彩浓厚。城镇婚礼则不然，已带有较多的现代色彩，赋予传统婚礼以时代特点，婚礼方式已逐渐从原来的"仪式型"向"娱乐型"转变，从"传统型"向"现代型"转变。婚礼中虽仍有请僧人择吉日、向门柱献哈达、请人唱祝辞、结束时举行"卓桑"仪式等传统内容，但大都只留其仪式的象征意味，程序和内容大为简化。许多繁缛的传统礼仪已难觅踪影，注入更多的是现代生活内容，拍婚照、用婚车迎新，用录音机、音响或手机播放歌曲和颂赞辞，用摄像机摄录婚礼全过程等已是常态。更有新潮者，钟情旅游结婚，让自己的新婚蜜月在饱览异乡风情和两人独享的美好时光中度过。当然，旅游结婚后大多还要筹办婚礼请朋友同事吃喜酒才能过关。

四、婚后习俗

婚后习俗主要包括回门和离婚。

青年男女结婚后新娘何时回娘家，各地在时间上并不一致，有的是半年以后，有的需3个月，有的在婚后一个月左右就可回娘家。藏族过去有一个习俗，就是婚礼期间新娘绝不能回娘家。有时同一村庄或相邻村庄的两家联姻，娘家虽近在咫尺，但新娘也不能回去，否则会遭到耻笑，新娘回门必须由丈夫和男方家家长陪同，不能一人单独回去。

　　回门时仍有一些礼俗活动，但较之婚礼大为宽松，一个主要活动就是办回门酒宴，回请那些在新娘出嫁时曾来行礼的女方家的亲朋乡邻。款待完毕，还要给他们每人分送一份羊肉、烙饼等食物，并在烙饼上搁一块酥油以示回敬。新娘在娘家住多少时日并无具体规定，住一段时间后回到婆家，开始自己人生旅程中做他人媳妇的生涯。

　　藏族青年男女婚前有较大的社交自由，婚后男女之间的交往则有所限制，一是社会舆论的顾忌，二是怕伤害夫妻感情影响家庭和睦。如果夫妻之间感情好，婚外情则较少发生。有的青年男女婚前就有性关系并育有孩子，如果顺利结婚，一家人就和睦地生活在一起。如果因种种原因未能结婚，男方应给女方一定的补偿，孩子由女方养育。在藏族社会，有一定数量的非婚生子女存在，社会舆论对这些非婚生

◆ 素装的新郎新娘

子女和其母亲并无偏见和歧视。未婚先育的女子结婚时，可将孩子带到男方家，男方家会接纳孩子，视同己出，享有同家庭其他成员同样的权利。

因婚后感情不和或其他原因导致的离婚传统上并无成文的法律手续，往往经亲友劝阻无效便正式分离。夫妻分手时，原则上女子的嫁妆要带走，家庭财产按当时家庭成员人数均分，孩子则多为男孩归父亲，女孩归母亲。妇女离婚和再嫁有较大的自由，不会受到非议。再婚时，一般不再举行婚礼，即使举行婚礼也较简单。

五、招赘婚

招赘婚即男"嫁"女方家。社会舆论对"娶妻"还是"招婿"并无好坏优劣之分。女婿上门还是女儿出嫁由双方家庭商定，有时还要通过星相师卜算打卦确定。一般情况下，招赘的人家往往没有儿子，缺乏劳动力，通过招赘解决劳动力问题。有的是因为疼爱女儿，不忍心女儿远嫁而招婿上门组成家庭。招赘婚的说亲、订婚和婚礼同娶妻婚的仪礼基本一样，所不同的仅是迎接新郎去女方家，不必带婚纱而已。女婿在妻家地位同其家人。

六、多偶婚

多偶婚制，指一妻多夫或一夫多妻的婚姻形式。在传统藏族社会，除一夫一妻的单偶婚为主要婚姻形式外，还存在一定数量的一妻多夫和一夫多妻的多偶婚制。

一妻多夫婚在藏区各地都有，但分布很不平衡，尤其以西藏昌都地区的比例较大。据1950年代的调查显示，传统的西藏社会一妻多夫家庭占24%，一夫多妻家庭约占5%，实际情况还要超过这个比例。一妻多夫家庭绝大多数都是兄弟共妻形式，只有极少数是朋友共妻。

共妻家庭中,以两兄弟共妻最为普遍,三兄弟共妻次之,四兄弟以上很少。

一妻多夫婚的缔结方式均为娶妻婚,其婚礼习俗同一夫多妻婚的缔结相同。举行婚礼时,有的是兄弟同时作为新郎参加婚礼,有的是兄弟中的长兄作为代表参加婚礼,以后一种情况居多,即长兄到了成婚年龄后娶妻,弟弟们长大后同嫂子共同生活形成共妻家庭。一妻多夫家庭的子女对父亲的称呼有两种情况,一种是称家中的长兄为爸爸,其余兄弟一律称叔叔,另一种是将几兄弟一概称之为爸爸。在人们的观念中,子女是家庭共有的。

藏族社会对一妻多夫家庭普遍持肯定和赞扬的态度,尤其在一妻多夫家庭盛行的地区这种婚姻形式深受人们的称道。人们普遍认为,几兄弟娶一个妻子能使家庭兴旺和富裕,因为兄弟共妻可保证家产不分散,经商、务农、放牧都有人手干,容易使家庭致富。藏族同胞注重亲情和家庭伦理,对那些兄弟不分家、亲人团聚、家人和睦的共妻家庭十分赞赏和羡慕。一妻多夫家庭至今在西藏一些地区存在。

一夫多妻婚,这种婚姻形式较少,主要存在于边远的农牧区。多妻婚在过去多是贵族、头人和富裕户的特权,他们凭借权势和财力娶多妻。平民中也有个别多妻婚存在,其形式主要是姐妹共夫,常出现于招赘家庭中,多是姐姐招赘后,妻妹后来加入其中,形成事实上姐妹共夫的一夫多妻家庭。平民中的姐妹共夫家庭同贵族头人的多妻家庭有着质的区别,前者为自然形成,无妻妾之分,地位平等;后者则多是封建包办性质的买卖婚姻,妻子之间地位相差较大。

多偶婚制既有历史、经济的原因,也有社会文化的原因。

丧葬习俗

藏族葬俗文化的发展经历了漫长的过程。从文献史料和考古遗存看，藏族的丧葬经历过由野葬向土葬、继而向天葬的演变历程，并因而形成多种葬俗并存的格局。

葬礼是人生礼仪中的最后一个环节，标志着人生旅途的终结。

丧葬习俗是人类社会特有的习俗文化现象。由于西藏各民族社会发展阶段的不同，自然环境、经济类型的差异以及宗教信仰和文化传统等原因，各民族在丧葬方式、习俗礼仪上存在着较大差异。

一、水葬

水葬曾是藏族古老的葬俗，现在仍在藏南、藏东南高山狭谷地区以及林芝部分地区实行。水葬仪礼较简单，将尸体背至江边激流处，有的将包裹白布的整尸抛入江中，有的则肢解尸体后投入激流中。处理完毕，须将葬地清理干净。

二、土葬

土葬曾在西藏历史上十分盛行，后来随着人们丧葬观念的改变，这一曾被人们尊崇的葬式成为最低下的葬式，遭到人们的鄙弃。在西藏大部分地区，土葬用于患天花、疫病和麻风病等恶性传染病死者，也部分用于凶杀、偷盗及暴死者。葬仪简单，一般挖深坑掩埋，不留坟冢。

三、崖葬

在西藏部分地区有崖葬习俗，其中，吉隆县的崖葬有其代表性。人亡故后，根据死者的生辰、属相，由当地有名望的喇嘛算卦，确定采用何种安葬方式（当地同时实行水葬、火葬等葬式）。如算卦为崖葬，家人需用盐和酥油涂抹死者全身，有的地方还要用酥油堵塞死者五官，然后将尸体装殓入木箱，也可用白布或无经文的经幡布包裹装殓，停尸待葬。

出殡时间及葬地的选择均由喇嘛算卦确定。在家停尸祭奠一般不超过3天，葬地则多选择远离人、畜活动区的自然崖洞或崖阴，这些崖洞或崖阴普遍具有通风、遮雨、干燥的特点。出殡前一天，要派人修一条专供背尸上山的简易小路。出殡时间一般在凌晨，天未亮时将尸体背出村。送至山崖洞穴后，按照喇嘛择定的方位将棺木放好，无葬具者多将尸体摆放成盘腿坐姿，在死者面前放置酥油茶、青稞酒以及死者生前喜爱的食物，安置完毕，用石块封闭洞口。送葬人返回时，须将去时的小道拆毁。

四、火葬

火葬系西藏部分农区和林区处理死者遗体的一种方式，在西藏腹心地区火葬则多为高僧大德圆寂时采用的葬式。

传统火葬通常都具有二次葬特征。普通人亡故或高僧圆寂后，需准备大量的木材和酥油，将遗体置于柴堆上，举行一定的仪式后点火施行火葬，不时往火中添加酥油，直到遗体烧尽为止。然后，将骨灰拾起，或埋于山上或投于水中。而高僧大德火化后的骨灰一般要修塔供奉，有的则做成"擦擦"存放。火葬被人视为高级葬式。

如今，在拉萨新建了现代化的火葬场，人们开始慢慢接受这一新鲜事物，已经有部分当地居民身故后到火葬场殡葬。

五、塔葬

塔葬是西藏最高级别的丧葬形式，主要在高僧活佛圆寂后采用。高僧活佛圆寂后，将其肉身或火葬后的骨灰、舍利等建塔供奉，俗称"塔葬"。典型的塔葬是建造灵塔保存肉身，亦称之为"肉身之制"，这是西藏一种独特的丧葬习俗。

塔葬最初起源于印度。印度最早埋葬尸骨的坟冢称为"窣堵波"，即梵文 Stupa 的音译，相当于汉语的"塔"。相传佛陀释迦牟尼圆寂后，弟子们火化佛陀遗体时获得了许多晶莹明亮的五色珠子——舍利子。这些佛陀的舍利子被弟子们视为无价珍宝，分别建造了八座灵塔供奉，开创佛教建塔供奉灵骨之先河。

藏式佛塔始建于松赞干布时代，公元 8 世纪中后期西藏第一座寺院——桑耶寺修成后，佛塔开始大量出现于藏地。桑耶寺乌孜大殿的东南西北四角分别建了规模宏大的白塔、红塔、黑塔和绿塔，而桑耶寺的四周围墙上则建有微型佛塔 1008 座。在中古时期和近代，西藏各地都有规模盛大的塔群，通常是由 108 座相对独立、形制各异的佛塔排列而成。藏式佛塔数量多、规模大、分布广，成为藏区特有的景观，也是藏族信仰文化和建筑艺术的重要组成部分。

藏式灵塔比作为佛教象征物的佛塔出现晚一些，最早出现于藏传佛教"后弘期"初始阶段，约公元 9 世纪末 10 世纪初。到 11 世纪时，史料记载中便有了藏族的塔葬。在西藏数量众多的灵塔中，以历辈达赖喇嘛和班禅喇嘛的灵塔最为著名。达赖喇嘛的灵塔除一世至四世分别建于扎什伦布寺和哲蚌寺外，从第五世开始历辈达赖喇嘛的灵塔都

五世达赖喇嘛灵塔

建于拉萨布达拉宫（六世达赖喇嘛未建灵塔），其中以五世达赖喇嘛和十三世达赖喇嘛的灵塔最为华贵壮丽。如五世达赖喇嘛灵塔建于1690年，塔高14.85米，由塔座、塔瓶、塔刹三部分组成，建造灵塔共花赤金11万余两，镶嵌的稀世珍宝数以万计，该灵塔被誉为"世间之饰"。

一世至三世班禅的灵塔祀殿分别修于甘丹寺和安贡寺，从四世班禅开始，历辈班禅喇嘛的灵塔均修建在扎什伦布寺内。

十世班禅大师于1989年1月28日圆寂，国务院决定为班禅大师修建灵塔和祀殿，中央政府拨专款6400多万元、600多公斤黄金、500多公斤白银，于1990年9月20日在扎什伦布寺破土动工。1993年8月30日，灵塔祀殿"释颂南捷"建成后，举行了隆重的十世班禅法体安放仪式，将十世班禅的肉身放至灵塔内永久保存，供世人朝拜瞻仰。

六、天葬

天葬，是西藏最典型的丧葬方式，藏语称为"恰多尔"，意为"喂鸟（鹰鹫）"，西藏各地的天葬风俗大同小异。由于受宗教观念的影响，藏族人笃信灵魂不灭和转世再生，丧葬过程的诸多繁缛活动多与生生不灭的灵魂与再生观念相关。

人亡故后，亲友会到丧家协助处理后事。一方面，需要前往寺庙请僧人到丧家做超度法事；另一方面，需要处理各种善后事宜，如购买土陶罐和藏香。举行祈愿法事后安置亡者，通常将亡者置于死亡时屋子的角落，双腿弯曲，头部弯到膝盖处，用绳捆缚成为蹲式，形似胎儿状，表示亡者像胎儿一样获得转生，再用白藏毯把尸体裹住，放在屋内一角；需用土坯作垫，忌用床或其他东西作垫。亡者家人在门口吊挂一个陶罐，罐子里放有三荤（血、肉、脂）和三素（乳、酪、酥）的糌粑火烟，供死者灵魂享用。

出殡的时间根据卜卦决定，出殡的时辰多定在凌晨 5 点以前，周

拉萨北郊帕崩岗天葬场

六和周日一般不出殡。尸体背出丧家前，从停尸处到房门外的院落间需用白粉划两条线，背尸人只能从线内通过，意在预防亡灵四处游荡。出殡时，先是由僧人引路，由亡者后代把尸体背到屋门口，背着尸体绕桑烟堆顺时针、逆时针各转三圈后离开。到院外后则由专门找寻的背尸人背往葬地。在出殡队伍背走尸体的同时，立即由专人清扫屋子和抬尸时划的白线，将垫放尸体的土砖、清扫的垃圾和扫把等扔到十字路口，人们相信这样亡灵便不会再找到家门。

天葬台多在远离闹市的深山野岭，且多在寺院附近。尸体放上天葬台之后，天葬师就在旁边烧起松柏香草，上面撒上三荤、三素糌粑，青烟袅袅升起。天葬师的职责是处理亡者的尸体,这是天葬的中心环节。各地在施行天葬时具体做法有所不同,但程序和过程一般为念经、煨桑、尸体处理和清理葬地。

丧葬仪式结束后，藏族有"七期荐亡"习俗，即在七七四十九日之内逢七要做佛事。据藏文史料记载，"七期荐亡"习俗受中原汉族的影响。在人们的传统观念中，人的中阴身（即前身已弃而后身未得之间）能够维持的最长期限是四十九天。葬后禁忌较多，如家人一年内不参加任何娱乐活动，藏族人尤其忌讳在众人面前直呼亡者的名字。葬后习俗的一个重要活动是周年祭，藏语称之为"龙却"。周年祭并不一定在死者的祭日举行，而是根据历算选择良辰吉日。届时，除了请来僧人念经祈祷举行法事外，主人设宴欢聚，欢庆亡者已经投胎转世并开始了新的人生。周年祭之后，一般再无活动。

第三章

瑰丽幻想 神圣时空
西藏信仰民俗

民间信仰

藏族民间宗教与信仰历史悠久，其源头可追溯到"万物有灵"的古老观念。原始信仰作为远古先民的"哲学"和思想文化体系，在藏族信仰流变史上留下了厚重的文化积淀。苯教的产生和发展，佛教的传入和藏化，虽然对藏族原始信仰冲击很大，但作为民族深层文化积淀的古老信仰却保存了下来，仍然与人们的生产生活有着密切联系，以自然崇拜为特征的古老信仰和已系统化、制度化的苯教和佛教的信仰兼容并蓄。

藏族民间宗教与信仰集中表现为对大自然、灵魂、图腾、祖先的信仰和崇拜。

一、自然崇拜

在藏族的自然崇拜中，对与人们生产生活密切相关的山、水、火的崇拜十分突出，对日月星辰等自然现象以及"天"的崇拜也值得关注。

地处世界屋脊的青藏高原，有着世界上最雄奇、最壮观的山脉，有着难以计数的巍峨的山峰。这些或突兀高耸或秀丽俊美的群峰构成了西藏特有的景观，为生于斯长于斯的藏民族提供了山神崇拜的现实基础。

在藏族观念中，雪域高原上的任何一座山峰都有神灵居住或本身就是神灵的化身。藏族对山神的崇拜最初有着浓厚的地域性色彩。由于人们生活在不同山系的群山怀抱中，更由于人们生活在不同的氏族部落社会中，因而生活在不同地方的人们崇信的是各自地域内的神灵，不同的神灵之间并没有大小高低之分。随着部落联盟的出现、等级和阶级的划分以及民族的形成，山神之间的地位开始有了高低和大小之分。这样便有了念青唐拉山神统领 300 多小山神的传说和记载；而有的当初只是地域性的部落神灵则演变成大的区域甚至是整个西藏的大山神，这就是有名的藏南雅拉香波山神。

西藏有庞大的山神体系。下面是具有代表性的几大神山。

雅拉香波

雅拉香波又叫斯巴大神雅拉香波，简称大神香波。雅拉香波山神的居住地在雅砻河谷的雅拉香波山上，它是雅砻河谷所有本地神和土地神的首领，后为莲花生大师收为佛教的护法神。传说它常以一个大白牦牛的身形显身，从嘴里不断喷出雪暴，是一个躯体白如海螺，穿

❖ 雅拉香波神山

白衣服并化身兽形的神灵。敦煌古藏文写卷中多次提到雅拉香波为"最高之神"。雅拉香波山神有无比的法力，可以摧毁岩石，引发洪水，甚至可以化身为人与人交合生子。吐蕃历史上著名的七贤臣之一的茹拉杰，相传就是他化身为白牦牛同止贡赞普妃子交合后所生。作为最高神灵，山神统领雅砻所有地方的保护神和土地神，甚至有"十亿战神都归雅拉香波管辖"的说法。

念青唐拉

念青唐拉又叫唐拉雅秀、唐拉耶秀或雅秀念之神，它是藏北念青唐古拉山脉的统治者，相传他是统领唐古拉山脉 360 个山峰的主神。念青唐古拉山脉横亘于西藏中部，绵延 1600 余公里，穿过人迹罕至的藏北地区。念青唐古拉山神是"十八掌雹神"的成员之一，在不同的场合有不同的身相，最常见的是身穿白丝衣白棉布服，骑四蹄踏雪神马，右手持藤杖，左手持水晶念珠，由众多随从簇拥着驰骋于三界。念青唐古拉山神的妻子便是山下著名的湖泊纳木错。

❈ 念青唐拉神山下的经幡

冈底斯

冈底斯是西藏最著名的神山之一，既受到藏族的崇拜，也是印度教、耆那教、苯教、佛教等信徒共同崇拜的圣山。冈底斯山坐落在西藏阿里普兰县境内，其主峰岗仁波钦呈金字塔式的形貌，一年四季白雪覆盖，显得巍峨、奇特而神秘，历来为人们所敬仰。在人们的古老观念中，冈底斯雪山是大赞神的居地，苯教则将其视作"九重雍仲山"；佛教传入后，冈底斯山被看作世界的中心，是胜乐佛的圣地，岗仁波钦峰被视作无量宫的宫殿。冈底斯山同时被原始宗教、苯教和佛教所崇信，佛教和苯教曾为争夺圣山而斗法斗智斗勇，至今仍有许多传说和圣迹传流。今天，每当藏历马年，成千上万来自雪域不同地方的人们会千里迢迢到冈底斯转山朝圣，成为马年的一大奇观。

与神山崇拜相对应的是藏族的圣水信仰。西藏有世界上最高的江河湖泊，作为藏族母亲河的雅鲁藏布江等江河滋养孕育着藏民族，从"大江大河之中以雅鲁藏布江碧水最为流长"的记载足以看出，古代藏族先民对雅江的崇敬与信仰。西藏高原拥有大小湖泊1500多个，是中国乃至世界湖泊最多的地区之一。这些碧绿晶莹的湖泊像一颗颗镶嵌在高原上的蓝宝石，深受人们的信仰膜拜。

西藏有著名的三大神湖。

纳木错

纳木错，意为天湖，位于今拉萨市的当雄县和那曲地区的班戈县之间。湖面海拔4718米，长约70公里，宽约30公里，面积1920平方公里，是西藏境内最大的湖泊，也是中国第二大咸水湖，素以海拔高、面积大、景色美而著称。纳木错湖中有5个小岛，另有5个半岛与湖相接，其中扎西半岛达10平方公里，岛上有石林、溶洞等自然景观。

纳木错扎西半岛上的经幡

藏族民间信仰认为，纳木错是神山念青唐拉的伴偶。藏传佛教认为纳木错是佛母金刚亥母仰卧的化身，身语意俱全，是藏传佛教的著名圣地。转湖朝圣能获无量之功德，并能消除恶习和一切烦恼痛苦。因此，每逢藏历羊年，无数的信徒香客不惜长途跋涉来转湖朝圣，寺庙也要举行各种法会祭奉供养。

羊卓雍错

羊卓雍错，意为"上部牧场的碧玉湖"，位于山南地区浪卡子县境内。羊卓雍错湖东西长130公里，南北宽70公里，湖岸线总长250公里，湖水面积638平方公里，湖面海拔4441米，是喜马拉雅山北麓最大的内陆湖泊，湛蓝清澈，绚丽多姿。藏族民歌赞美她"天上的仙境，人间的羊卓"。

玛旁雍错

玛旁雍错即"永恒不败碧玉湖"之意，地处今阿里地区普兰县境内，位于冈底斯神山岗仁波钦峰东南面。玛旁雍错湖面海拔4587米，面积为412平方公里，是世界上海拔最高的淡水湖之一。唐朝高僧玄奘在《大唐西域记》里把玛旁雍错称为"西天瑶池"。作为西藏最著名的神湖，玛旁雍错与冈底斯山一道同为原始信仰、苯教、佛教以及印度教、耆那教所崇拜，而不同宗教对于玛旁雍错又有不同的解释和描述，赋予它不同的功能。

苯教尊玛旁雍错为生命或命根湖，是生命之源，具有无穷财富和功德，认为用其沐浴能清洁所有污垢，消除灾难恶缘，成就一切事业，延年益寿。转湖朝圣、饮用亦是功德无量。藏传佛教则认为玛旁雍错是胜乐大尊赐给人们的甘露，湖水具有八种功德，饮用、沐浴可涤除各种妄念、烦恼和罪孽，可达大乐空行界，转湖朝圣可获正觉果。它被藏传佛教各派所崇拜，围绕玛旁雍错有8个寺庙，正好分布在湖的四面八方。东有直贡派的色瓦龙寺，东南有萨迦派的聂过寺，南有格鲁派的楚古寺，西南有主巴噶举派的果足寺，西北是以五百罗汉修行

神山圣湖——冈仁波齐与玛旁雍错

的山洞为基础建立的迦吉寺,西有齐悟寺,北有主巴噶举派的朗那寺,东北有格鲁派的本日寺。

印度人认为这里是大神湿婆和他的妻子乌玛女神的浴池。正因为如此,每年都有一批批印度教徒翻越喜马拉雅山口,历尽千辛万苦到冈底斯山和玛旁雍错朝圣,到圣湖边沐浴。同藏族朝圣者一样,许多人还要用器皿盛上圣水带回去,送给不能前来的亲朋。

除以上三大神湖外,在西藏还有许多有影响的湖泊,如离玛旁雍错不远处的鬼湖"拉昂错"、浪卡子县境内的普莫雍错、藏北西部苯教著名神湖当惹雍错。还有一些湖泊与藏传佛教关系密切,如藏北安多的错那湖,相传是藏传佛教格鲁派大活佛热振活佛的"魂湖"。而山南加查县境内的拉姆拉错湖(意为"仙女魂湖")更为神秘和特殊,这个在群山环抱中面积仅约1平方公里的高原湖泊有着殊胜的灵性,每当寻访达赖喇嘛等藏传佛教大活佛转世灵童时,必须到此观湖,根据湖水显示的影像以确定转世灵童的寻访方向和基本特征。据说,虔诚的

❖ 鬼湖拉昂错

朝圣者能从湖水呈现的幻影中看到自己的命运和来生。

藏族先民对天体和天象的崇拜由来已久。"天"在人们的观念中最初并没有特定的所指，既指浩渺苍穹中日月星辰等天体，也指风雨雷电流星日食等天象，同时也没有像山神崇拜那样有明晰的天神形象，然而"天"在人们的心目中却占有很高的地位。根据古老的观念，"赞"神就是居住于天界虚空，而后期产生的苯教神话更明确地提到，西藏的第一位赞普聂赤赞普便是作为天神之子入主人间的。聂赤赞普连同后来的六代赞普，亦即"天赤七王"，均是以"天神之子做人间之王"，当他们完成了在人间的使命后又"逝归天界"，"在人们目睹下返回天宫"。

藏族对"天"的崇拜表现在许多方面。藏族英雄史诗《格萨尔王传》中的格萨尔王便是天神为拯救人世间的黎民百姓从天界派到人间来的。在许多民居的门上和帐篷上绘制日月图案，在民居的房檐或墙上、房顶上放置白石，在房顶四角称为"拉秀"的土台上插挂名叫"塔尔觉"的五色旗幡，从上至下依次为蓝、白、红、绿、黄五色，分别代表蓝天、白云、红火、绿水和黄土（各地的解释略有差异）。这些文化现象，大都是原始天体与天象崇拜与信仰的遗留。

藏族对火的崇拜集中反映在灶神信仰以及对火灶的相关禁忌礼俗上。藏族称灶神为"套布拉"，需小心伺候，绝不能亵渎得罪灶神，否则会带来灾难。

二、精灵信仰

藏族民间信仰中，与神山崇拜和圣水信仰相关的是藏族古老的"年"神、"赞"神和"鲁"神信仰。

"年""赞"和"鲁"都是藏族先民崇信的精灵。年神、赞神和鲁神分别住在地上、天界和地下，只是早期这三界神灵的居地并不是绝对的和固定的，如赞神它既可以居住于虚空，也可居住于山峰和石崖。

"年"是一种在山林沟谷中游荡，在山峰、石缝、森林中安家的精灵。在人们的古老观念中，年神与山神关系密切，"念青唐拉"就是"大年唐古拉神"的意思，在藏族先民心中有崇高地位。

"赞"是一种以猛兽为基本特征的勇猛凶悍的精灵，赞神和年神在人们的观念中有时指同一类神灵，人们习惯合称为"年赞"。赞神与山神也有着密切的关系，文献中记载，冈底斯山就是大赞神的居地。莲花生大师在藏地降妖伏魔过程中，包括像念青唐拉这样的大年神都被降服而成为佛教的护法神。

"鲁"是一种生活在地下的精灵。"鲁"泛指地下的尤其是水中的生物，诸如鱼、蛙、蛇、蟹、蝌蚪等。早期的"鲁"不但形象模糊，居住也很纷乱，它们不仅住在河湖中，而且超出了与水有联系的处所。它们是一种可以随时附身或者变为鱼、蛙、蛇、蟹的精灵，并且无时无处不在。它威胁着人类的生命，相传是人间424种疾病之源，瘟疫、伤寒、天花、麻风病无不与之有关，人们时时谨慎敬奉。鲁神对人类的强大威慑，也决定了人类对其崇拜的形式。对鲁神的祭祀活动，一般都在河、井、池、江、渠、湖泊处进行，挂放经幡和供祭食物是鲁神精灵喜欢的形式。

年神、赞神和鲁神都是原始神灵。苯教产生之后，这些原始神灵大都被归入苯教神灵家族；而佛教传入后，有的再次被纳入佛教神灵系统。

三、动物崇拜

藏族先民对鹰鹫、犬、"拉恰贡姆"（藏雪鸡）、羱羝、牦牛等动物都有过崇拜的历史。

第三章　瑰丽幻想　神圣时空——西藏信仰民俗

羱羝崇拜。羱羝为大角牡羊。《旧唐书·吐蕃传》记载:"其俗重鬼右巫,事羱羝为大神。"在卡若遗址发现的动物骨骼中有青羊和鬣羊的骨头,在西藏发现的岩画中有羊形纹饰和羊的完整形象,可见藏族对羊的崇拜历史的久远。今天,我们还能在现实生活中找到羊崇拜的痕迹。比如过藏历年时,人们除了供"切玛"外,还要摆放一个羊头,以表祥瑞和预祝来年的风调雨顺。

牦牛崇拜。在《什巴宰牛歌》中,牦牛是世界形成之源;在藏族的民间神话传说中,牦牛肢体化身万物。牦牛因在藏民族生产生活中的极端重要性而备受关注和崇拜。今天,人们仍可看到山顶、河畔玛尼堆上和房屋门楣上的牦牛角,也可看到令人捧腹的赛牦牛和憨态可掬、温馨吉祥的牦牛舞,这些都是古老牦牛信仰在今天的真实再现。

狮子崇拜。藏族所谓的狮,大都在前面加一个"雪"字,称"雪狮"。有一则古老的传说:很久以前,雪域西藏有很多动物,由于经受不住冰雪严寒的袭击,纷纷迁徙,只有雄狮经受住了寒冷的考验,仍然在

❖ 白牦牛与神湖

91

雪山上生活繁衍。对于雄狮，藏族人有广泛的尊崇心理，在脍炙人口的《格萨尔王传》中，格萨尔的另一个尊号便是"雄狮大王"，因为雄狮这一形象代表着勇敢、威严、无坚不摧和无往不胜。

四、图腾崇拜

藏族图腾崇拜集中反映在猕猴崇拜上，猕猴变人的神话传说便是藏族猕猴图腾崇拜的典型反映。

藏族猴子变人的神话讲：很久以前，西藏山南地区雅砻河谷，气候温暖，山深林密，在山上住着一只猴子。后来，这只猴子同岩魔女结为夫妻，生下了6只小猴。老猴把这6只小猴送到水草丰茂的树林中生活。过了3年，老猴再去看时，已经繁衍到500多只。由于吃食不够，猴子饿得饥肠辘辘，吱吱悲啼。老猴看到这种情景，便把群猴领到一处长满野生谷物的山坡。众猴吃了野谷后，身上的毛慢慢变短，尾巴也渐渐消失，后来又学会了说话，逐渐变成了人。

猴子变人的神话除了在民间广为流传外，许多藏文古籍中也有详略不同的记载，还有一些与猴子变人相关的遗迹和歌舞活动。如山南

猕猴变人神话的现代雕塑

的泽当镇(意为"玩耍的坝子"),相传是人类远古祖先猴子玩耍的地方。紧靠泽当镇的贡布日山,相传就是神猴修行的山,山上至今还有神猴修行时的洞穴,受到人们的朝拜。泽当一带每年还有戴猴面具、模仿猴子动作的歌舞活动。在拉萨新石器文化遗存——曲贡遗址中,发现了一件浮雕猴头像,说明藏族猕猴崇拜有着极为悠久的历史,至少在4000年前藏族先民就有猕猴图腾崇拜。

五、灵魂信仰

"灵魂"藏语称"啦"。藏族民间相信灵魂与肉体是二元分离的,灵魂需要依附在一定物体(肉体)之上,灵魂不灭,可以转体。

在灵魂信仰方面,藏族民间普遍相信灵魂可以寄居在其他物体上,如寄居在树上的灵魂树、寄居于山体的灵魂山、寄居于湖泊的灵魂湖、寄居于宝石的灵魂玉,等等。众多的寄魂物构成了藏族灵魂信仰特有的风貌。

藏族民间还有人体自身之灵的观念,这就是对阳神或男神和战神或敌神的信仰。与男神(阳神)相对的还有女神(阴神),男神位于右肩,女神依附于左肩。藏族民间认为阳神是命灯。男人的右肩有盏灯,假如弄灭了这盏灯,人就会死亡。一般来说,越是身体健康的人,这盏灯就越明亮;身体虚弱多病的人,这盏灯就不太明亮,甚至昏暗欲熄。命灯旺的人,白天血气旺盛,恶鬼不敢靠近,即使晚上,恶鬼也不敢侵犯。据说鬼怕光亮,它若想害人,首先得弄灭这个人的命灯。人们忌讳别人拍自己的肩膀,尤其忌讳女人拍男人的右肩,就是出于阳神是命灯的考虑。

战神是一种保护神,也依附于人体的右肩。战神既保护个人,也保护氏族或部族。每个人都有自己的战神。打仗时,它帮助主人战胜敌人，保护主人的安全。在藏族著名长篇英雄史诗《格萨尔王传》中，可以见到对战神的描绘。

　　藏族民间还有"央"的信仰和观念。"央"意为"福泽"或"运道"。"央"是藏族万物有灵观念的特殊表现形式。在人们看来，所有物质的东西（包括生命体和无生命体）的背后都存在着"央"（灵气），如马有马央，牦牛有牦牛央，黄金亦有央。如果一个人想卖掉他的马或牛羊，就会从其牲畜背上揪下一撮毛，以示把"央"留在家里，不致流失，否则家畜会不兴旺。许多地方在大年初一拂晓，人们争相到泉水处抢背第一桶水，认为水中的"央"会在新的一年给家庭带来福运和吉祥。在传统结婚仪式上，当新娘离家之际，娘家人要举行"央固"的招福仪式，希望把姑娘的"央"留在家里。在人们看来，姑娘的出嫁有可能招致娘家"央"的流失，招福仪式的目的就是把"央"留在家中。

❈ 纳木那尼雪峰，藏语意为"圣母之山"，相传是神山冈仁波齐的母亲。

藏族民间对出生神和土地神的信仰亦与灵魂崇拜有关。藏族称出生神为"格拉"、地方神（或家乡神）为"域拉"、土地神"希达"或"萨达"（有人译作"土主"）。"格拉"意为"出生神"或"生命神"。民间认为每个人出生都有出生神，每个村庄或每个区域拥有共同的出生神。"域拉"是整个村庄的保护神，祭祀该神可使风调雨顺、防雹除霜、五谷丰登。与"域拉"相联系人们还信仰"希达"，也是一种地方神祇，其作用与"域拉"相似，祭祀该神通常是在山顶搭垒巨石或石柱的标志物。西藏各地都有受到当地民众信奉的"域拉"或"希达"，如后藏江孜一带最大的"希达"名为"波沃希达"。在藏语中"波沃"为祖父之意。"波沃希达"居于江孜北面最高的山峰上，其下方是广阔的江孜平原，"波沃希达"是江孜地区民众共同信仰的山神，可见地域神灵与灵魂观念和祖先崇拜亦有着密切的关系。"域拉""希达"和"格拉"三神在民间有时不易分清，他们都是村寨的守护神，能够保护人畜平安、风调雨顺。三神中"希达"的依托处神垒建在山峰顶上，"格拉"和"域拉"的神垒建在离村庄较近的山上或村中心。

六、巫师与巫术

藏族民间巫师因职能不同地域差异而有着不同的称谓，常见的有"拉巴"（神汉）、"阿巴"（咒师）、"巴卧"等。

巫师的传承有神授、世袭、师承三种情况。所谓神授，是指突患重病而又痊愈者，或久睡数日大梦初醒者，他们回忆起曾与神灵邀游，接受神的旨意和教诲，于是能念咒诵经、施行巫术，此人即被视为神授。二是世袭，即父传子、子传孙，世代相传。三是师承，即拜师学艺而成为巫师。

藏族民间巫师不是职业宗教者，平时参加生产劳动，只有在某种仪式上，或进行占卜施行巫术时，才享有神圣的荣光。

藏族民间巫术有祈求巫术、诅咒巫术、驱鬼巫术等。

青藏高原气候多变，冰雹、暴风雪时有发生，对农牧业生产和人畜、财产构成极大威胁。藏族地区的祈求巫术，主要用于防雹、求雨或免除其他灾害。求雨巫术可在旱情发生时举行，也可在旱情发生前的每年固定时间举行。祭献巫术多在驱鬼巫术不奏效之后举行，以求鬼怪精灵大发慈悲，不再作祟。诅咒巫术又称"魇胜咒人"或"魇胜巫术"，是一种诅咒仇敌，以期达到危害对方的巫术。驱鬼巫术既有巫师主持施行的，也有普通百姓自发进行的，如过藏历年时的驱鬼活动便是民间典型的驱鬼仪式。

七、占卜术

藏族民间占卜术主要有以下几种：

鸟卜　鸟卜的历史久远，敦煌文献中就有对鸟鸣占卜的记载。藏族民间仍有通过观察鸟叫预测吉凶的方法。

线卜　以牛羊毛线绳作为占卜工具的方法。

箭卜　以箭为工具的占卜术。

骨卜　以羊和牛的肩胛骨作为卜具的占卜术，其基本方法是将羊或牛的肩胛骨烧灼后验其纹裂，听其声，以判断吉凶。藏族骨卜历史悠久，在敦煌古藏文残卷中就发现有吐蕃羊骨卜辞，记录了骨卜释辞，内容涉及从军、国大事到平民百姓日常生活的各个方面。

民间占卜术还有骰子卜、鼓卜等方式。

藏族民间信仰还有许多其他表现形式，其信仰行为与活动方式繁多。由于藏族民间信仰的综合性特征，它与苯教和佛教的信仰行为与活动方式是交织混溶在一起的。

苯教信仰

苯教，藏语称为苯波，是佛教传入藏地之前的古老宗教。苯教是以西藏地方的自然崇拜为基础，在外来宗教文化的影响下产生的，后又与佛教文化相融合，对西藏文化的发展产生了巨大影响。

一、苯教的历史发展

苯教在发展的早期阶段，吸收了许多原始崇拜的内容，致使不少人长期视苯教为原始宗教，忽略了它同原始宗教的重大差别：原始宗教是泛神论的自然宗教，苯教已是体系化的人为宗教。苯教有创始人，有系统的教义教法，有经典、信徒和寺院，这是自然宗教无法比拟的。尤其是经过后期的佛苯斗争，苯教面貌同自然宗教差别更大，而与佛教文化颇有相似之处。

相传苯教的创始人为辛饶·米沃且，辛饶·米沃且对苯教系统化作出过杰出贡献。苯教最早源于魏摩隆仁，然而魏摩隆仁在何处则有不同的解释。有人认为在大食，有人认为在象雄，还有人认为在西藏的西部某处。在苯教徒心目中，这块地方是神圣的乐土，永远不会消亡，哪怕这个世界最后毁于烈火之时，它也会腾升上空，和天国里另一个苯教圣地合二为一，被称为什巴叶桑。

苯教的发展经历了三个阶段。第一阶段为"笃苯"阶段。"笃苯"即所谓自在苯教，盛行于第一代藏王聂赤赞普所开始的"天赤七王"时代。第二阶段为"洽苯"阶段。"洽苯"，意为游走苯，指自外流传来的苯教，始自第八代赞普止贡赞普，盛行于吐蕃王朝建立前的数百年间。

头戴黑巾等宗教饰品的苯教徒

第三阶段为"觉苯"。"觉苯"意为翻译苯,指佛教传入西藏后,佛苯相互斗争和相互融合,苯教徒改佛典为苯典。此时的苯教已是佛苯互融后有严密理论体系的宗教。

西藏历史上,苯教曾显赫过相当长的时间。在佛教未传入前,苯教既是普通群众的重要信仰,又是统治者治理王政的工具。在佛教传入后的相当长时期,苯教作为一股强大的政治势力仍左右着吐蕃王室,作为强大的宗教力量影响着吐蕃社会。公元8世纪中后期,苯教在同佛教的斗争中败北,在政治上威风不再,势力逐渐衰微。藏传佛教诸教派形成后,苯教受到排斥和歧视,被贬斥为"黑教",影响大不如前,多在边远地区传播。

西藏各地现有苯教寺庙100余座,僧人数千名,信教群众众多。除昌都和那曲地区苯教寺庙和信徒较集中外,如昌都有苯寺50多座,那曲有苯寺30多座，拉萨、林芝、日喀则、阿里都有苯教寺庙和信徒。此外，在四川、青海、云南等藏区也有苯寺和信教群众。西藏的则珠寺、丁青寺、郭棍寺、热那雍仲林等都是著名的苯教寺庙，林芝苯日山是苯教最大的神山，转山朝圣者络绎不绝。而苯教寺庙、苯教壁画、苯教经典、苯教法器、苯教法事、苯教服装等同藏传佛教亦有较大差异。转经念诵形式也不相同：佛教转经时视顺时针为"正转"，逆时针为"外转"；苯教则相反，推崇逆时针转经，视为"正转"。信佛群众念诵六字真言，苯教信徒则念八字明咒。

二、苯教神灵

早期的苯教崇奉众多的神灵鬼怪，继承了许多原始信仰，如崇拜自然界的日、月、星辰和大山，相信天界的存在，相信非凡的人物来自天界，最后能返回天界，光绳是他们上下天界的工具，而位于天地之间的高耸入云的大山，则是天与地的结合处，连接着天上人间，因而苯教十分崇拜大山，尤其是象雄境内的著名神山——冈底斯雪山被称为"灵魂山""九重雍仲山"。

苯教的神灵系统十分复杂，除上面所列的天、地和地下的几类古老而原始的神灵外，早期苯教还将民间所信仰崇拜的土地神、灶神、阳神、战神、箭神等统统纳入自己的神灵体系中。在苯教系统化和理论化之后，苯教神灵家族中又增加了许多新成员，如所谓"最初四尊"即萨智艾桑、辛拉俄格尔、桑波奔赤和辛饶·米沃且，"塞喀五神"即贝塞恩巴、拉部托巴、卓却卡迥、格措和金刚橛（降魔橛）等。佛苯融合后出现的新神灵，已失去了早期苯教神灵的原始性和拙野性。这些神灵大多供奉于苯教的庙宇殿堂，与普通民众的生产生活并无直接关系，一般不为民间所知晓和供奉。

苯教的仪式复杂而繁多，诸如婚嫁丧葬、传宗接代、延寿增福、避灾免祸、招来财运、预祝丰收、驱除恶魔、治疗疾病、求神打卦等都有完整而系统的仪式。从事这些仪式的苯教巫师众多，因其职能不同又可分为不同的类别：如"恰贤类"，主要职能是占卜吉凶；"楚贤类"，主要职能是从事巫术活动，以"阿年"为其代表，如今的"阿年"以防雹和占星两项活动为主，尤以施行巫术防雹闻名，被称为"防雹喇嘛"；"都尔贤类"，主要职能是与各种鬼魂打交道；"朗贤类"，其职能为祈福禳灾。苯教巫师仍活跃于西藏民间。

藏传佛教信仰

一、佛教的传入与发展

佛教最早传入吐蕃的时间，一般认为始于第28代赞普拉脱脱日聂赞，实际应为松赞干布时期，即公元7世纪初。松赞干布的文臣吞弥·桑布扎创制（或规范）文字，翻译了《宝云经》等经典；尺尊公主和文成公主先后同松赞干布联姻，虔诚信佛的两位公主分别带来了释迦牟尼佛像，并建立大昭寺和小昭寺，使佛教从古印度和中原进入吐蕃。译经和佛像的传入，标志着佛教在西藏的真正传播。

佛教在吐蕃的立足与发展并不是一帆风顺的，同苯教长期复杂的斗争贯穿于整个吐蕃王朝的历史，历时200余年。

赤松德赞时期，修建了西藏历史上第一座佛法僧三宝齐全的寺院桑耶寺，延请菩提萨埵（寂护）和白玛迥乃（莲花生）等印度佛学大师和汉僧来藏传法，剃度僧人，大规模翻译佛经，排斥和打击苯教，使

❖ 桑耶寺乌孜大殿

佛教在西藏得以立足和发展。赤祖德赞（赤热巴巾）亦大力推行佛教，然而苯教势力并没有善罢甘休，他们设计谋杀了赤热巴巾，拥立其兄长朗达玛为赞普。朗达玛上台后封闭寺庙、毁坏佛像、镇压僧人、烧毁佛经，佛教遭到了毁灭性的打击，藏传佛教历史上恢弘的"前弘期"自此终结。经过近100年的沉寂，由阿里一带的"上路弘传"和甘青一带的"下路弘传"，佛教在西藏再度得以复兴和传播，开始了所谓"后弘期"的辉煌历史，藏传佛教的众多教派也逐渐形成。

二、藏传佛教教派

藏传佛教主要有五大教派：

宁玛派

宁玛派，俗称"红教"，是藏传佛教教派中最早的一个教派，宁玛，有"古"和"旧"之意。此派自称其教法传自吐蕃时期的莲花生大师，尊莲花生为祖师，并以传承和弘扬吐蕃时期所译密咒和伏藏为主，其教义、行为、仪轨中带有较多苯教文化的成分。

萨迦派

萨迦派，俗称"花教"，是藏传佛教教派中影响较大的教派之一。"萨迦"意为灰白色的土地，因该派的主寺萨迦寺背靠一片灰白色的山崖，故名萨迦寺，由寺名衍生出地名和教派名。另外，该寺墙壁上涂有象征文殊、观音、金刚手菩萨的红、白、蓝三色纹饰，故俗称"花教"。

萨迦派创立于11世纪，创始人为贡却杰波（1034—1102）。13世纪中叶，在西藏纳入元朝中央政权的行政管辖过程中，该派僧人起了积极

❖ 萨迦寺

作用，一度成为西藏地方政治势力的代表，该派僧人还成为管理全国各地佛教事务的帝师，有力地促进了西藏与祖国内地的关系和藏传佛教的发展。

萨迦派有几位著名人物，被后世称为"萨迦五祖"，其中第四代祖师为萨班•贡噶坚赞（1181—1251），是西藏第一位被称为精通大小五明的学者，故获"萨迦班智达"称号。萨班不仅是一位博学的学者和宗教领袖，还是一位卓越的政治家。八思巴（1235—1280）是萨迦第五代祖师。1260年，忽必烈即帝位，封之为国师。后又奉命以藏文字母创制蒙古新字即八思巴字，受封大元帝师。

噶举派

噶举派，俗称"白教"，是藏传佛教的一个重要教派。"噶举"的意思是"教授传承"，注重密法的修习，而密法的修习全靠师徒间的口传心授，不落文字、口耳相传是该派的一大特点。

噶举派于11世纪中期形成。噶举派的第一代祖师玛尔巴（1012—1097），生于洛扎，曾三次访印度，四次入尼泊尔，遍访名师，其高足有米拉日巴。米拉日巴（1040—1123）是噶举派的第二代祖师，生于西藏吉隆，生活坎坷，历经磨难，成为西藏第一位即身获得正果的僧人。由于玛尔巴和米拉日巴在修法时，都遵印僧习惯穿白色僧衣，故噶举派俗称"白教"。噶举派有两个传承系统，即香巴噶举和达波噶举。香巴噶举创始人琼波南交，曾多次赴印度学法，晚年在后藏香地区建香雄寺等108座寺院，收徒数以万计，开创香巴噶举派。后来香巴噶举逐渐衰微，以至谈到噶举派时通常指达波噶举。

达波噶举创始人为达波拉杰（1079—1153），其门徒创建了四大支系，其中帕竹噶举又分出八支小系，构成噶举派"四大八小"系统。

噶举派在西藏宗教、社会和文化中影响甚大，地位独特。该教派出现了许多著名的佛学大德高僧，产生了许多政治家和文化大家，藏传佛教的活佛转世制度亦由该教派首创。

噶当派

噶当派最初源于阿底峡，后由其弟子仲敦·杰哇迥乃（1005—1064）于1056年正式创建。"噶"意为"佛语"，佛的"教诲"；"当"意为"教授"或"教戒"。"噶当"是指该派以佛的一切言教作为僧人修习的教戒指南。仲敦巴于公元1045年迎请阿底峡前往卫藏弘扬佛法。阿底峡在卫藏地区传法达9年之久，仲敦巴一直跟随大师。1054年阿底峡大师在聂塘圆寂后，仲敦巴便成为阿底峡信徒的师长。仲敦巴于1056年建热振寺，自此噶当派以热振寺为根本寺院，逐渐形成。仲敦巴有三位著名弟子：博多哇、京俄巴和普琼哇。博多哇知识渊博，著述颇丰，受人尊崇，弟子达千余人，开创噶当派中的"教典派"支系；京俄巴20岁进热振寺，师从仲敦巴，一生门徒众多，创噶当派"教授派"支系。

噶当派以修习显宗为主，强调修习次第，主张先显后密。公元15世纪时宗喀巴在噶当派基础上创立了格鲁派。

格鲁派

格鲁派俗称"黄教"，格鲁派是藏传佛教形成最晚的一个教派。"格鲁"意为"善律"，以学阶严格、戒律严明、教义完备著称。因该派僧人穿戴黄色衣帽，故俗称"黄教"。

宗喀巴·洛桑扎巴(1357—1419)，生于青海宗喀地方。宗喀巴7岁出家，学习显密教法，10年后去卫藏地区深造，广泛寻师问道，钻研噶当教法，逐渐形成自己的思想体系，著《菩提道次第广论》《密宗道次第广论》等著作，成为最有名望的学者。

15世纪初，宗喀巴针对当时的宗教弊端，进行了一场宗教改革。措施主要有：针对当时各教派戒律松弛的问题，制定了一套严格的戒律，提倡僧侣身体力行，严加恪守。对各教派的教义教法兼收并蓄，集其大成，著书立说，创立了一个庞大的、次第井然的教义教法系统，成为格鲁派的理论依据和行为准则。复兴旧寺，建立新寺，形成以寺院为中心的宗教据点。1409年，宗喀巴在拉萨以东建立甘丹寺；1416年，其弟子绛央却杰在拉萨以西建哲蚌寺；1419年，另一弟子释迦也失（绛钦却杰）在拉萨以北建色拉寺，成为格鲁派在拉萨的三大寺，为格鲁派日后的发展奠定了稳固的基础。格鲁派还将噶当派的许多寺院改为格鲁派寺院或立为属寺。广收门徒，高徒众多，其中即有日后被追认为一世班禅的克珠杰和一世达赖的根顿珠巴，这些门徒对格鲁派的发展起到了重要作用。外出传法，创立法会，积极扩大社会影响。1409年，宗喀巴在拉萨举行了规模宏大的祈愿法会，极大地提高了宗喀巴的知名度和格鲁派的影响。

乃穷寺的铁棒喇嘛

格鲁派的创立和发展，尤其是格鲁派掌握政权之后，进一步形成西藏政教合一制度，宗教势力渗透到西藏社会的各个领域，给西藏社会带来了极其深刻的影响。

三、信仰行为

藏族信教群众的信仰行为和活动方式主要有：

供奉三宝

这是藏族群众最普遍的一种宗教信仰行为。对佛法僧三宝的供奉，是一种善念和善行，有无量功德。供奉三宝，主要是供奉神佛。藏区人家无论殷实与否，都要供奉神佛，富裕之家设经堂，一般人家起码也有简易的神龛。经堂内设置佛、菩萨像，框以神橱，前供酥油灯、净水和鲜花果品等物，早晚顶礼膜拜。经堂内还收藏有各类经书，多寡不等，视屋主的经济条件而定。拉萨地区居民的神龛内多供奉"师徒三尊"，即宗喀巴、克珠杰和嘉曹杰这三位对格鲁派的创立和发展作出巨大贡献的佛教大德。藏东地区有的主供莲花生大师。

念诵经文

在藏区，即使是非僧尼的群众每日也要念诵经文。最常见的是反复念诵"六字真言"：唵、嘛、呢、叭、眯、吽。据说，"六字真言"是一切佛经浓缩概括的结晶："唵"，表示"佛部心"，念诵此字时，自己的身、口、意与佛相应成一体；"嘛""呢"，表示"宝部心"，念诵可得"如意宝"，获取幸福；"叭""眯"，表示"莲花部心"，象征佛性如莲花般纯洁无瑕，诵此可排除一切邪见；"吽"，表示"金刚部心"，象征无坚不摧，诵此可依赖佛的法力克服任何困难，获得成就。由于念诵"六字真言"简单易行，故群众极易接受。除此之外，还要念诵各种祈祷词，有消灾的、求福的，等等，可视神佛对象和诵者要求的不同而加以选择。其中，念诵《皈依颂》是最主要的一种。

第三章 瑰丽幻想 神圣时空——西藏信仰民俗

拉萨药王山石刻

转经与朝圣

转经活动一般分早晚两次进行，主要是绕寺庙、神殿和佛塔进行。有的地方转神山圣水也属于转经的范围。拉萨地区信教群众有以拉萨大昭寺佛殿为中心的"转三廓"活动："朗廓"（内圈），即在大昭寺内回廊围绕觉卧佛主殿转一圈；"八廓"（中圈），即绕大昭寺及其周围建筑群转一圈，形成闻名遐迩的八廓街；"林廓"（外圈），环绕拉萨老城区转一圈，包括今天的林廓东路、北路、西路和南路。转绕林廓实际上礼拜了拉萨城区内几乎所有的寺庙和神佛，如大昭寺、布达拉宫、药王山千佛崖、小昭寺、功德林、仓孔寺等，这些寺院和神殿都在林廓绕行的圆环内。转一圈林廓至少需要3个小时。拉萨还有一条转经路叫"孜廓"，又称为"颇章秀廓"，就是围绕布达拉宫转。每当清晨或傍晚，一群群男女老少，有的是全家出动，有的还牵着家犬或领着"神

107

※ 围绕布达拉宫转经的人们

羊",沿着规定的路线,口诵"六字真言",手转嘛呢轮,进行这一神圣的佛事活动,借此抒发对神佛的一片虔诚。

藏族信教群众有去寺庙朝佛和神山圣水朝圣的习惯。每个寺庙或神殿前,人群络绎不绝,跪拜者此起彼伏,以至阶前的青石被磨得光滑如镜,甚至人形显现于石上。每当马年,虔诚的信徒会不远千里去佛教圣地冈底斯山朝圣;羊年去朝拜纳木错湖,猴年则去杂日神山转山。这就是民间所讲的"马年转山、羊年拜湖、猴年绕林"之说。

磕长头

磕长头也叫"磕等身头",人们按照既定的目标,为避灾、治病、忏悔、朝佛等目的,磕头前往某一著名寺院,或某一圣地;有的从家乡出发,磕头前往拉萨朝佛。从出发地开始,用自己的身体去丈量行进中的路程。其基本姿势是：双手合十，上举至头顶，后移至喉部，再下移至胸间，然后俯身直卧，两臂前伸，额头着地，用手在地上划一印记，或将一石子放于指前，起身站立走到印记处，一次动作即算完成。如此千万次重复进行。这种磕头需要巨大的献身精神和坚忍不拔的毅力。通常绕着寺院磕长头的比较多，绕寺磕头的数量，即磕多少圈，是根据自己的发愿。磕长头异常艰辛，一般都戴有护膝和护掌。一些佛殿、经堂门口的地板上，在无数信徒不断磕头的作用下，年深日久，在石头和木板上都留下了深深的痕迹。

❀ 拉萨大昭寺前磕长头的人们

❖ 转经轮

转经筒（轮）

经筒有大小两种：大的如巨桶，直径 1 米左右，高约 2 米，多安置在寺庙神殿周围的长廊通道上，人们一边行走，一边用手推动旋转；小的经筒则可拿在手里，直径不足 10 厘米，高仅 10 厘米，用手摇动。经筒内放有经文，外部刻有六字真言和其他宗教符号。据说转动一次经筒，就等于将经书诵读了一遍，是一种省心省力省时的好办法。藏族老人平日习惯在清晨前往寺院，用手转动经轮，顺时针转寺院，无论春夏秋冬始终如一。藏区还可见到利用水力或风力推动的经筒。

贡献与布施

贡献是信教群众对神灵、活佛、寺庙等进行的奉献活动，可以献财（金银财宝等）、献物（粮食、酥油、皮张等）和献力（当义工）。贡献一般是自愿的，贡品的多寡不拘。所谓"一文不算少、千金不为多"，

第三章　瑰丽幻想 神圣时空 —— 西藏信仰民俗

煨桑

自己可量力而行，但群众往往是倾其所有，以明诚心。布施是佛教徒修行"六度"之首，源于释迦牟尼佛化身摩诃萨埵舍身饲虎等故事，是佛发大慈大悲心的表现。这里指的是群众的布施活动，有条件的人家对寺庙僧众和贫苦群众均可发放布施，以积累资粮修福德。

煨桑与放风马

煨桑是藏族古老的祭祀形式，是点燃松柏枝、坎巴花等香料和糌粑面以祭神。在寺庙、神殿以及神山、神水等每一处供神的地方，都设有煨桑炉。在节庆场合和一些宗教活动时，通常是整日香烟缭绕，经久不散。

风马，藏语称"隆达"。风马有纸制或布制的，其图案为中间是奔走的马，四角写着龙、马、大鹏和虎。据说，风马是山神需要的骏马。放风马是向山神献祭，乞求保佑。另外，风马还表示自己、本村或本

藏地风土 西藏民俗趣谈

❀ 五色经幡

❀ 托林寺玛尼石

部落的运气，倘若风马冉冉升入高空，说明神灵喜欢，接受了自己的贡物；如果风马落地不升，就表明交上了恶运，得设法祈禳。布印的风马也有插在屋顶的，含有盼望增长运气的意思。放风马时，先煨桑，在滚滚腾起的烟雾中，抛洒风马，念诵祝辞：

今日风马升起来，
袅袅升向空中；
没有升起的风马，
请连连升起。
天地满是吉祥，
风马哟，愿你都升入高空。

挂经幡与堆"玛尼"

经幡在西藏随处可见，五颜六色，组合成阵，飘飘扬扬，蔚为壮观。经幡印有佛像、经文和其他宗教符号，被看作是神佛的一种化身，任何人不得加以亵渎。逢年节或重大宗教节日，经幡还要更新、增添。

在藏区各地山顶上或十字路口，常见"玛尼堆"，即垒起的一堆石头，石片上有佛像和"六字真言"，堆顶插有经幡、挂有哈达或摆放牛头（角）。人们经过此地，必须下马步行，不能高声喧哗，或做其他不敬的动作；要顺时针绕石堆1—3周，默念经文，然后在石堆上放置一块白石，以示敬神祈福。

放生

放生是一种活祭仪式。放生有两种：一种是寺庙僧徒的放生，多以整个寺庙或扎仓的名义进行；一种是世俗官吏或有钱人家的放生，多以家庭的名义进行。俗人放生，通常找一吉日，有的因病或为消厄运，先向神佛许愿，然后择日放生。所放的祭牛、祭羊，身挂彩色布条，让其自由自在地生活在山上，或养至老死。在西藏农村甚至城镇中，时常能看见放生羊在自由自在地徜徉，人们从不伤害它们。

第四章

节庆四季 欢乐海洋

西藏节日民俗

西藏节日文化丰富多彩，绚丽缤纷。

西藏节日源远流长。从远古先民祭祀土地神灵以佑庄稼丰产的祭祀活动，到雅砻河谷及全藏农区举行的大规模集体祭祀仪式（"望果节"），至今已有近2000年的历史。从曾经以麦熟为岁首的年节到使用藏历推算出的新年已历千年。因苯教的兴盛、佛教的传入和藏传佛教的发展而产生的众多宗教节日，其历史最短者亦有数百年。西藏的节日，均有着久远的历史和厚重的文化积淀。

西藏节日体现为宗教性与世俗性、神圣性与娱乐性的统一。此外，地域性特征和互融性特征亦十分明显。

岁时年节

年节文化是西藏节日文化的重要内容。西藏年节文化地域色彩浓郁，礼仪习俗丰富。通过拉萨和林芝这两个典型地区的新年习俗，可以看到西藏年节文化的基本风貌。

一、藏历新年

藏历新年是藏族人民最隆重的传统节日。从藏历十二月初，人们便开始忙碌，家家户户培育青稞青苗，供于佛龛前的双柜之上，以预祝来年粮食丰收。十二月中旬，各家纷纷用酥油和面粉炸出形状各异的"卡塞"（油酥点心）。新年前夕，每家都要精心准备一个叫"竹索切玛"的五谷斗（盒）。斗用木料制成，盒的外部绘有各种吉祥的花纹图案。木盒内部从中间隔为两半，左面装麦粒或炒熟的青稞粒，右面装酥油糌粑。糌粑和麦粒都堆积成金字塔形,上插青稞穗和称为"孜卓"的饰品。"孜卓"形似令牌,两面顶端各贴用彩色酥油塑造的太阳、月亮和八瑞相。有的人家还准备一个彩色酥油塑的羊头(洛果),亦可用陶瓷品代替。这一切都具有庆贺丰收,预祝来年风调雨顺、人畜两旺的含义。除夕前两天,各家进行大扫除,摆上新卡垫,贴上新年画。

十二月二十九日,人们把灶房打扫干净,并在正中墙上用干面粉绘上"八吉祥徽"(八吉祥徽包括金鱼、胜幢、宝塔、白海螺、莲花、金轮、吉祥结和宝瓶)。傍晚,不论大小家庭都要做"帕吐"(面疙瘩),天黑时,全家依长幼次序坐定,开始吃"吐巴"(煮熟的面疙瘩),也称为"古突"。喝完"吐巴"后举行送鬼仪式,这种仪式起源于民间驱鬼避邪的习俗,颇为隆重。在此过程中,必须做两种"帕吐":其一是具有各种象征意义的面型,如太阳象征富有、威严和荣誉,经书则象

林芝市朗县松木材村村民正在做迎接藏历新年的准备,装饰"切玛盒"。

征聪慧、有学识,鼓象征不可靠、两面人等。其二是一些"帕吐"中包有石子、辣椒、木炭、羊毛等物,石子表示心肠硬,木炭预示心黑,辣椒表示嘴如刀,羊毛说明心肠软。吃到这些东西的人,都要即席把面疙瘩中的石子、辣椒、羊毛等象征性物品吐出或从碗中捞出来,任凭家人说笑取乐。吃完"古突"天色已晚,驱鬼的时候到了。一般家中女主人将剩下的"古突"倒入一陶罐中,端出门外,男主人手执点燃的麦杆到各房间内边挥舞边喊叫,令妖魔鬼怪都出来。此时女主人要径直走出院外,不能回首。她把陶罐连同里面的"古突"一起扔到街心,男主人也将驱鬼剩下的残火扔到街心。女主人返回时,要为她献上哈达或在其身上撒糌粑。29日晚的八廓街烟火缭绕,喊声四起,各家都忙着驱鬼,把一年的不吉和霉运统统赶走,祈盼来年吉祥安泰。

除夕晚上,家家户户把房屋内外打扫干净,室内铺上新"卡垫",

❖ 藏历十二月二十九"古突"之夜是藏历新年的序幕,家家户户吃"古突"面并举行驱鬼仪式,祈求来年风调雨顺、无病无灾。

在正屋佛龛前用各式"卡塞"摆放"碟嘎"。"碟嘎"是用形状不同的油炸面食垒起的供品。最下面放形状如耳朵的"苦过",其上是长条形的"那戛"和形似大麻花的"木东",再上放圆盘状的"布鲁",顶层是勺子形的"宾多"。然后用各类糖果点缀其间。"碟嘎"位于佛龛前藏柜的正中,其他供品以此为中心向两边排列。家中有什么美味食品都可作为供品摆上一份,一般讲究摆上八样,以求吉祥。"碟嘎"两边要摆上绿茵茵的青稞苗,预祝新的一年能获丰收。供桌上还必须有一个羊头。

大年初一清晨,主妇天不亮就起床熬制一种叫"观颠"的饮品,家人在起床前必须喝上一碗。主妇去井边打回新年的第一桶水。家人喝完"观颠"后即刻起床,互致新年祝福,梳洗打扮后全家人一道吃人参果米饭"卓玛折塞",喝早茶。天刚亮,邻居街坊热闹的新年互拜便开始了。每家由两名代表去拜年,一人端"切玛"盒,一人提青稞酒壶,挨门挨户去邻居家拜年。人们互致"扎西德勒平松措"(意为"吉祥如意大圆满")的新年祝辞,主人礼让客人"切玛曲"(尝"切玛"),客人会抓一小撮糌粑粉向上扔三下,以示敬奉天地神灵,然后放少许于口中品尝。双方互相敬酒,或干杯或喝"三口一杯"。新年早晨,等拜完年回到家时,人往往已飘飘欲仙。

清晨邻居间拜完年后,家人不再外出,各家闭门欢聚。

从初二开始走亲访友,人们互相拜年祝贺,唱歌跳舞,欢度佳节。活动一般持续数天。

大年初三,家人及左邻右舍共聚房顶,举行"托苏"仪式,插换房顶上的五色经幡,点燃桑烟敬神,祈祷神灵保佑全家人四季平安,家业兴旺。

传统藏历新年期间,拉萨正逢一年一度的传昭大法会,人们除欢庆新年佳节外,还汇入人潮观看法事活动,特别是正月十五的酥油花灯节。有条件的人家要欢庆十多天，一般到酥油花灯节后才结束。

现在拉萨地区的藏历新年既有浓厚的传统色彩，又充满现代生活气息。一般说来，农村过藏历年保留传统的东西较多，城镇则变化较快。城镇居民在新年期间既精心准备各种传统食品，又购买现代的美食佳酿和各式糖果。既喝传统的"古突"，又外出定餐或在家吃团圆饭。除夕之夜，许多人更是通宵不眠，或看新年晚会，或上网游戏，或唱卡拉OK，或打麻将、扑克。大年初一，过去除街坊邻居外忌讳串门，现在大年初一人们互相拜年敬酒，请客来家或外出赴宴已不鲜见。娱乐方式很多，活动内容丰富多彩。节日期间，拉萨市的大街小巷灯火通明，宾馆酒楼的歌厅舞厅和影院全部开放，宽阔的布达拉宫广场装饰一新，处处张灯结彩，一派喜庆祥和气氛。既可见围绕布达拉宫、

❁ 藏历新年期间在房顶举行"托苏"仪式。

大昭寺礼佛的人群，又可见衣着时髦新潮的青年男女，他们潇洒地参与玩桌球、跳现代舞等现代娱乐活动。传统与现代的交织，使节日更加充满喜庆气氛。

二、工布新年

林芝一带古称工布，境内森林茂密，山清水秀，尼洋河贯穿其间。由于自然环境的差异和长期同外界的阻隔，工布文化自成一体，其年节礼俗也独具地域特色。

工布新年为每年藏历十月初一。这一习俗已有 1000 多年的历史。传说，在吐蕃时代，一支魔国军队入侵西藏，赞普命令工布土王阿吉王率领工布青壮年组成军队前往抵抗。出征之时正值秋收后的九月，将士们惋惜不能喝上过年的青稞酒，不能吃上过年的点心，也不能围着松柏枝点燃的篝火跳激越欢快的舞蹈。为了鼓舞士气，阿吉王决定把新年提前到十月一日来过，将士们便义无反顾地出征，并取得了战争的胜利。为了纪念当年英勇征战的将士，每年的十月一日，工布群众都要献三牲为将士们守夜，久而久之便形成了十月初一过工布年的习俗。

工布年有几个颇具特色的活动：

赶鬼

九月二十九傍晚，家家户户都"赶鬼"。晚上，人们举着火苗呼呼的松枝火把，跑进每一间屋子，从怀里掏出早准备好了的拇指大的黑白石子，哗啦啦地朝角落里砸去，口里不停地喊叫："鬼，快滚出去！等着瞧！"有的人家还朝火把上泼烧酒，立刻腾起熊熊的火焰，发出嘶嘶的声音，赶鬼仪式显得更有气势。当他们认为所有的"鬼"确实逃出了自己的房子时，就用松烟和旺波树把门挡严实，工布人认为，这

121

样做"鬼"就无法回来了，人们可以快快乐乐地欢度新年。

请狗赴宴

除夕之夜，人们把过年的食物端端正正地摆在木盘里，或放在长长的木板上，有糌粑团、桃子、核桃、酥油、奶渣、人参果、青稞酒等。茶和酒装在核桃壳内。准备停当，主人把狗唤来，很有礼貌地说："舒服的狗，快乐的狗，请进餐吧！"如此三次，狗开始动嘴。据说，有经验的狗，这时显得非常庄重，把所有的食物都嗅嗅，然后决定吃点什么。有些狗却乱叫狂吠，打翻盘子，掀扣茶酒，主人认为不吉利，

咚咚的鼓声宣告工布新年的到来。

除夕之夜，林芝市巴宜区鲁朗镇扎西岗村村民烤"结达"迎接工布新年。

便把这不识抬举的"贵客"轰走。工布人认为狗吃什么、不吃什么，都是神的指使，因此全家人诚惶诚恐，注视着狗的每一个动作，吃了糌粑或饼子，预示粮食丰收，相反，狗如果先吃肉，则是来年六畜不旺、会闹瘟疫的恶兆。

吃"结达"

狗吃饱了，人再吃年饭。围着火塘坐一圈，烤着暖烘烘的青枫柴火，喝着青稞酒、酥油茶，吃一种特殊的食品——"结达"。"结达"是用酥油、牛奶、面粉、红糖或白糖做成的圆面团，戳在尖尖的木棍上，伸进火里烤，熟一个吃一个，味道香甜，风味独特。

这天晚上一定要吃饱，胀得肚子鼓鼓圆圆。据说，半夜里鬼还来背人，不吃饱，身子骨轻轻的，说不定被鬼背跑了；吃得很饱，鬼才背不动。

背水

新年初一，鸡叫头遍，工布人都要出门，放火药枪，迎接新年的

123

到来。主妇们赶紧背起水桶,带着青稞酒和"措"(祭神用的糌粑团),到水源处背水,在水边煨桑,让袅袅青烟召唤神灵。回家路上,不管遇到什么人,都不能回头,不能讲话。若回头或讲话,水桶中的"央"(神气)就会消散。

祭丰收女神

大年初三,在太阳刚刚升起时,每家每户的妇女着节日盛装,带上贡品和青稞酒,来到自家最好的一块庄稼地里,祭祀丰收女神。他们在地里竖起一根长长的木杆,木杆上挂经幡,下挂一把麦草,麦草象征丰收女神的宝座。用石头在木杆前搭个祭台,在台上摆好各种供品,煨烧青草香枝,通知田地的保护神,来接受供奉和膜拜。人们用特殊的调子高喊三声:"洛雅拉姆,洛雅拉姆(意为"丰收女神"),请用餐吧!"然后,他们围着祭台唱歌、跳舞,娱乐丰收女神,请求保佑庄稼丰收。没有妇女的人家,男子会去田地中祭祀丰收女神。

生产节日

藏族的生产性节日分农事节日和牧事节日两类。农事节日主要有春播节和望果节,牧事节日有牧羊节和种类繁多的赛马节。

一、春播节

春耕前,西藏各地都有规模大小不一的节日活动,或以村寨为单位或三五户联合,集体举行仪式,祭祀掌管庄稼丰收的土地神。因各地气候有别,举行活动的时间和礼仪习俗不尽相同。

根据物候特征和测算的开播吉日,村人着盛装,带上酒、糌粑和各种供品，到田地中祭祀土地神。祭祀地点通常选在当年最先破土开耕的最好耕地。人们树经幡，燃桑香，献供品，念祷词，祭祀土地神，祈求神灵保佑当年风调雨顺，无虫、霜、雹等灾害，庄稼丰收。祭祀毕，人们始破土耕田。西藏各地传统的耕作方式均为二牛抬杠。此时的耕牛打扮一新，牛的前额抹有象征吉祥的酥油，头上悬挂彩结，轭木上插旗幡，有时牛尾也用彩线装饰。日喀则一带在耕牛头部插用牦牛尾巴做的"热阿"。"热阿"涂三色，下红中黑上白，有时"热阿"上部是用白色的鹰羽扎制。许多人家把"热阿"置放于耕牛那两只高挑的牛角上。新耕第一犁通常由德高望重的长者把犁，播撒第一把种则推举由与当年属相相合、且大家公认有福运的妇女承担。耕犁的是福运，播撒的是希望，人们格外重视。当天只象征性地耕作一小块田地，然后大家聚集田间地头，饮酒欢庆。正式的耕种是在三五日后开始。这期间，人们利用闲暇尽情欢乐。

❖ 拉萨市达孜区邦堆乡克日村的传统春耕仪式

二、望果节

"望果节"是西藏农区一年一度预祝丰收的节日。

"望"藏语意为"田地","果"是"转圈","望果"就是"绕田地转圈"。这个"转庄稼地的节日"流行于山南、拉萨、日喀则等农区,没有固定的日子,一般是在农作物成熟之际进行。

望果节是一个十分古老的节日,最初是祭祀土地神以祈丰收的大地崇拜仪式,流行于西藏雅鲁藏布江流域的广大农区,尤以雅砻河谷最为盛行。据史料记载,到第九代赞普布代贡杰时(约公元2世纪),引进了苯教活动内容。其主要活动为:以村落为单位,绕本村土地转圈。队伍最前面由捧着祭香和高举旗幡的人引道,苯教巫师举"达达"(五色彩箭)和羊右腿领队,后面紧跟手拿青稞穗和麦穗的村民。转完田地后,谷物穗入谷仓,以"收地气",求丰收。

"望果节"上的民间歌舞表演

8世纪后期,藏传佛教宁玛派兴盛,"望果"活动遂带有宁玛派色彩,必须念咒语以祈佑丰产。14世纪始,格鲁派渐居统治地位,"望果"活动更渗透了格鲁派色彩,队伍游行之前要举佛像、背经文。从这时起,"望果"活动成为藏族固定的传统节日,逐渐增加了赛马、射箭、唱藏戏等内容。

现在拉萨地区农村望果节的主要活动有骑马绕行田地和举行赛马等活动。在庄稼已成熟的开镰前夕,确定吉日过节。骑手提前一两天为马匹披红戴彩精心装饰后,于节日当天着节日盛装,汇聚于村口。人们在离家前,在灶台前放一束麦穗,向灶神敬献丰收的"粮新",祈求灶神护佑。人们集中后,在通往田地的路口点燃神烟,然后骑手在前,背经书的老人们在后,绕着麦浪滚滚的庄稼地转圈。边转边祈祷,祈愿粮食大丰收。转完田地后,人们集中于先前指定的地点,举行赛马、角力、歌舞等竞技娱乐活动,欢庆3—5天后开始紧张的秋收。

三、那曲赛马会

牧业生产是藏族主要生产活动之一。生活在羌塘草原的牧民同农区人民一样,有着属于他们的与生产活动紧密相关的节日。最负盛名的节日非夏季举行的草原赛马会莫属,此外,还有一些区域性、部落性的牧事节日。

藏历六月至八月,是藏北草原的黄金季节。万里长空碧蓝如洗,和煦的阳光照耀在广袤无垠的草原上。大地似铺设了柔软的绿毡,姹紫嫣红的山花竞相绽放,流水淙淙,牛羊徜徉。经历了数月冰封雪冻和寒风磨砺的人们,从四面八方聚集一起,尽情享受这一美好季节带给人们的欢乐。历史上,各个部落、宗(相当于县的行政建制)均在水草丰美、牛肥马壮的夏季举行赛马会,他们形象地称之为"亚吉"(意为"夏乐")。现在,除那曲地区每年一次在那曲镇举行大型赛马会外,各县及区乡还举行各种规模的小型赛马会。

那曲赛马会规模盛大,极为隆重。

节日前几天,藏北各地牧民身着艳丽的节日盛装,带上青稞酒、酸奶子等各类食品,带上各类图案美丽的帐篷、卡垫,骑着马,从四面八方涌向赛场。一时间,平时空旷平静的草原突然热闹起来,出现了一个神话般的色彩斑斓的帐篷城。

节日期间,赛马场上彩旗飘动。赛马场两边站满了观众,观看骑手们精彩的表演。人们不时为骑手呐喊助威,惊叹声、呼叫声不绝于耳,场面气氛极为热烈。

比赛项目有"大跑""小跑""走马""骑马捡哈达""骑马打靶"等项目。"大跑"主要是速度比赛,有起点和终点,鸣枪或吹哨为号,众马齐发,以到达终点的先后定名次。"小跑"和"走马"则除了比速度外,还得看马步是否平稳、走得是否好看。"骑马捡哈达""骑马打靶"等马术表演比赛,一般在"大跑""小跑""走马"之后的日子举行。两种比赛均是分小组参赛,哈达横放在地上,靶子立在路边,比赛时一匹马在前引路,其主要任务是给后面捡哈达或打靶的马引导一条最佳路线,离哈达或靶子不远不近。第二匹马则紧紧跟随,骑手在飞跑的马上侧身挂体,捡起地上的哈达,哈达间隔横放,捡得多者为胜。如果是骑马打枪,则第二匹马上的骑手同样紧跟第一匹马从场地一侧横跑过去,在马飞跑中从背上取下枪支,在头上旋转一周,瞄准马侧面的靶子开枪,然后耍个花样,顺势将枪背在背上。有的地方还有骑马点烟、马背倒立等。

赛马会期间往往还穿插着举行摔跤、举重(一般是举石头,也有举沙袋的)等体育比赛。

赛马会的各种比赛拿名次者都有奖品，奖品多为哈达、马、牦牛、绵羊等。

赛马会也是社交娱乐的集会。夜幕降临，人们自发地围成圆圈，唱歌跳舞。这是一年中难得的娱乐时光，也是年青人追逐情侣的好机会。

藏北地广人稀，居住分散，人们难得集中，以前部落的头人都利用赛马会牧民集中的机会收税，并处理部落内一年来的各种事务。商人们往往也赶到赛马场交换商品。特别是大型的赛马会，更是进行商品交换的大好时机。赛马会实际上是人们进行娱乐活动、宗教活动、经济活动的综合性节日。

现在，那曲地区一年一度的赛马会集娱乐竞技、文化展示、旅游观光和经贸活动于一体，成为藏北一年中最主要的节日活动。参加赛马会的人不仅来自当地牧民和单位职工，而且拉萨、山南、日喀则和林芝地区都有许多人前往，来自内地和海外的游客也蜂拥而至，有时参加人数达数万人。

❖ 藏区赛马节上的马术表演

四、江孜"达玛"节

"达玛"节是后藏江孜一带的传统节日,主要活动内容为跑马射箭。这个节日至今已有 600 多年的历史。

该节日起源于江孜。这个节日最初似与生产活动无关,属纪念性节日。据传,江孜法王绕丹贡桑帕的祖父帕巴桑布,是萨迦王朝的内务大臣,在当地百姓中颇有声望。他逝世后,他的弟子每年为他举行祭祀活动,后因战乱中断。到公元 1408 年,绕丹贡桑帕任江孜法王,恢复了祭祀,时间从藏历四月初十至四月二十七,从二十八日开始进行娱乐活动。活动内容主要是展佛、跳神、跑马、角力等,这些活动全由法王的部下、兵丁、佣人承担。到了扎西绕丹帕(公元 1447 年)统辖江孜的时候,娱乐活动中增加了骑马射箭,至此正式形成了江孜达玛节。

江孜达玛节一般为期三天,第一天举行简单的宗教仪式,并做赛前准备;第二天赛马;第三天射箭。比赛结束后,人们在近郊林卡欢宴。

如今,江孜达玛节每年举行,规模盛大,活动内容丰富。节日期间,

江孜达玛节上的骑手

参加表演的人都穿古装,打扮成当时的兵丁和官员模样。除举行传统活动外,还增加了许多现代娱乐项目。当地和远道而来参加盛会的人们均穿华丽的节日盛装,带着丰盛的食品,尽情歌唱饮宴,欢度佳节。节日期间,还举办大型物资交易活动。达玛节已经成为江孜地区的一张名片,每年吸引着国内外众多的游客和商家到江孜观光旅游和商贸洽谈。

宗教节日

藏族宗教节日繁多。仅就藏传佛教而言,几乎每月都有一个或数个节日;藏传佛教的每一个教派,几乎都有属于本教派独有的节日;就是一个教派内部的不同寺庙也有不尽相同的节日。以下是一些具有普遍性和典型性的宗教节日。

一、默朗钦姆与觉阿却巴节

"默朗钦姆"即传昭大法会,"觉阿却巴"指正月十五的酥油花灯节。酥油花灯节举办于传昭大法会期间,可视为传昭大法会的一部分。

传昭大法会始于1409年,是藏传佛教格鲁派创始人宗喀巴为纪念释迦牟尼神变降伏妖魔而创设的。佛教祖师释迦牟尼在天竺舍卫城,于藏历火龙年(公元前511年)正月初一至十五,与外道师斗法,比赛神变,最后击败了六外道师,取得了胜利。法会最初集中色拉、哲蚌、甘丹三大寺的僧众在大昭寺释迦牟尼佛像前诵经祈愿。后来祈愿法会日益隆重,祈祷期间渐长。五世达赖喇嘛时,传昭大法会定于藏历正月初四起,至二十五日迎请弥勒佛后方才结束。

传昭大法会期间，四方僧人云集拉萨。在大昭寺内诵经祈祷，讲经辩经，考拉让巴格西学位。虔诚的信徒们纷纷来添灯供佛，向众僧发放布施。

正月十五是释迦牟尼以神变最终战胜六外道师的日子。这天三大寺的活佛和僧众举行盛大法会祈愿供佛，将传昭大法会推向高潮。晚上，拉萨市八廓街搭起各种花架，有的高达一二十米，上面摆放五颜六色的以彩色酥油塑成的人物、花卉、鸟兽、吉祥徽等。有的宏伟高大，气势不凡；有的精巧玲珑，纤纤妩媚；有的凌空而立，恰似雀跃；有的成屏连片，似立体画卷。花灯点燃，宛如群星，五彩缤纷的景象仿佛把人带入了神话世界。人们在夜幕降临之际纷纷涌向街头观看花灯，高歌起舞，彻夜不眠。

二、萨嘎达瓦节

藏历四月称"萨嘎达瓦"（即氐宿月）。相传，佛祖释迦牟尼于此月降生、成道和圆寂，故笃信佛教的藏族人十分看重此月，一般不杀生、不吃肉，转经朝佛，广行善事。有"此月行善一事，可积万善功德"之说。

萨嘎达瓦期间，各大小寺院举行各种佛事活动，民众则转经朝佛，焚烧神烟。拉萨一带，人们从萨嘎达瓦的第一天开始，就去八廓街和林廓路转经，到藏历四月十五这一天，转经达到高潮。从凌晨直到天黑，人流如潮，转经人数可达十万之众。萨嘎达瓦月期间，尤其是十五这一天，众乞丐都会有不菲的收入。

三、珠巴次西节

藏历六月四日，是释迦牟尼初转法轮的日子。僧俗人众于这天去附近佛寺庙宇和神山巡礼朝圣，故又称为"六四转山节"。过去，上下

第四章　节庆四季 欢乐海洋——西藏节日民俗

❖ 拉萨萨嘎达瓦节上转经的人们

密院的众僧向大昭寺、小昭寺、布达拉宫的帕巴拉康等的佛尊献千供、百供，拜佛的人们敬奉供灯和哈达。拉萨群众有往附近的帕蚌卡、曲桑、普布觉、色拉乌孜、吉仓夏怒（东西岩洞）、米乌琼寺、日甲桑丹林等山庙朝圣的习俗。转山结束后，人们在野外搭起帐篷或围幔，尽情游玩。

四、仲确节

"仲确节"是藏东类乌齐一带最悠久的传统节日。在藏语中"仲"即"供奉"，"确"为"修习"的意思，"仲确"即"修行仪轨节"，每年藏历六月十五日举行。

据史料记载，类乌齐"仲确节"始于14世纪前期。1320年，类乌齐寺第二代法台乌金贡布主持修建类乌齐寺大殿查杰玛，历经6年才竣工。大殿的修建所耗资财巨大，所用民工甚多，其财物大多来自信教僧俗的慷慨捐赠，用工主要由信教群众义务提供。为了答谢僧俗群

133

众的资助和庆祝寺庙的建成，大殿竣工后，乌金贡布举行了盛大的称为"仲确"的酬神答谢宗教活动，以后便沿袭下来，于每年藏历的六月十五日举行活动。由于类乌齐寺在藏东地区的特殊地位，加之类乌齐大坝宽阔，藏历六月正是山清水秀、水草丰美的好季节，有著名的神山圣地供人们转山朝圣，又能进行互通有无的民间贸易，所以参加人数日众，使"仲确节"的规模和影响越来越大。除康区外，影响远及川、青、甘、滇和卫藏等藏区。每到"仲确节"，各地前来参加节日的信教群众和商人云集类乌齐，使"仲确节"逐渐演化为一种集民间商贸、宗教仪式和民间文艺活动于一体的传统节日。据介绍，历史上在"仲确节"期间，远道而至的商人除甘、青、川、滇的藏族商人外，还有从内地来的汉族商人和从印度、缅甸来的外国商人，有时参加节日的人数达数万至十万之众。

"仲确节"分寺院宗教仪式和民间世俗活动两大内容。类乌齐寺从六月十五日开始，寺院僧人全体早早集中于查杰玛大殿，诵经做法事，由此开始了长达45天的称为"央乃"的宗教法事活动。"央乃"类似于"斋戒"月，期间僧人不得随便离开寺院住地，以免外出踩死虫子等生灵。寺院要派专人为"仲确节"念经祈祷和做法事，通常派6—10名僧人到德青颇章神山的"曲弥嘎布"处和神山顶上做法事。僧人到达这两处神地后，先煨桑，然后念诵经咒，栽插绘有牛、羊、马形状的木板，这是献给护法神的祭品。最后，还要埋一宝罐（瓶），内装五种粮食、五种珍宝、绸缎、木块和写有经咒的经文，目的是敬奉山神，祈求风调雨顺、国泰民安。僧人们天不亮就上山，傍晚做完法事才返回寺中。"仲确节"结束后，他们同其他僧人一道参加"央乃"活动。

"仲确节"期间的民间活动最为丰富，主要有民间商贸、转寺转塔和民间歌舞等活动，但最主要的活动是转德青颇章神山。

"仲确节"过去一般持续2—4天，除转山外主要是举行物资交流会。"仲确节"在马年最热闹，人们要绕转神山13圈，而平时则比较灵活，多少不一。

五、斯莫钦波

"斯莫钦波"意为大型表演，是扎什伦布寺一年一度规模盛大的宗教节日，主要活动是表演密宗金刚神舞，即俗称的"跳神"。

"斯莫钦波"创始于七世班禅丹白尼玛，距今已有近200多年的历史。这个节日原是跳神驱鬼的纯宗教活动，经长期的发展，已演化为日喀则地区隆重的传统节日。如今，"斯莫钦波"的影响不断扩大，早已超越了地域界限，成为全藏引人注目的宗教艺术盛会。

"斯莫钦波"于每年藏历八月举行，具体日期由星算学家推算。近年来，举行的日期已相对固定，一般于藏历八月初四至初六举行，历时3天。八月初三，参加跳神的僧人和乐师等按演出的要求进行考试，同正式表演唯一不同的是不穿戴神服和面具。

八月初四，跳神在宽大的专门修建的金刚神舞院举行。表演开始前，首先出场的是十几位身穿绛红袈裟、肩披酱色披风、头戴"孜夏"（鸡冠形）僧帽的高大喇嘛，扛着八面旗帜鱼贯而出。这八面颜色不同的旗帜分别代表扎什伦布寺的八位护法大神。喇嘛们展开旗帜，用木支架插于舞台两侧，每树一旗，便抛撒糌粑粉，观众高呼"曲晓"（神胜利），全场烟雾弥漫，吼声震天。旗幡插毕，庞大的乐师队伍出场，多达五六十人，主要乐器有大法号、腿骨号、唢呐、铜钹、羊皮鼓等。乐师就座后，表演才正式开始。

3天的表演内容和程序有严格的规定。第一天和第二天的演出内容各有16段。第一天表演以黑色大神乞丑巴纳为主神的"羌姆"（神舞），并以焚烧"多玛"结束。第二天是以具誓阎王唐青曲杰为主神的"羌姆"，第三天表演六长寿舞等，其后是世俗性娱乐活动。

"羌姆"起源很早，公元8世纪桑耶寺建成庆典上，莲花生大师结合当时藏地土风舞首创这一形式。经过长期发展，"羌姆"已成为藏传佛教各教派重要的宗教活动仪轨，各教派的重要寺院都有"羌姆"活动，只是举行的时间、节日的名称不同而已。西藏寺院中影响较大的几个"神舞"节除扎什伦布寺的"斯莫钦波"外，还有昌都寺的"古庆"节、热振寺的"帕邦塘廓"节以及萨迦寺的冬季大法会、每年岁末的布达拉宫跳神等。

六、拉波堆庆

藏历九月二十九为"拉波堆庆"（降神节）。相传，释迦牟尼成佛后与佛母摩耶夫人传法，于九月二十九从佛乐胜境来到人间。同时诸神佛也降临凡尘了解民情、巡视黎民百姓对神佛的信仰情况。这天，人们纷纷到寺院朝佛献祭，焚香转经，接济乞丐，广做善行，祈愿神佛保佑万物生灵，以虔诚的心态和缭绕的桑烟迎接神佛的降临。

七、白拉日垂

"白拉日垂"意为吉祥天母节，每年藏历十月举行，对大昭寺的护法神吉祥天母进行隆重祭供。关于这个节日的起源，民间有这样的传说：

大昭寺的守护神母玛索杰姆有3个女儿。大女儿叫白拉扎姆，二女儿叫东赞杰姆，三女儿叫白拉协姆。三个女儿都很不争气，令母亲非常气恼。小女儿白拉协姆一天到晚只知道玩，母亲让她帮忙捉虱子她都不肯，母亲咒她满身长虱子，后来白拉协姆神像上满是小白鼠。二女儿东赞杰姆爱顶嘴，母亲咒她沿街讨饭，后来东赞杰姆的像被画在八廓街东南隅的石头上，靠人们供养为生。大女儿白拉扎姆放纵自己，母亲咒她一生不得一个丈夫，即使有也只能一年见一面。母亲的诅咒实现了。白拉扎姆的情人是住在拉萨河南岸的赤仆宗赞，两人每年只能十月十五相会一次。

"吉祥天母节"活动从藏历十月十四开始。这天清晨，人们将大昭寺的吉祥威猛天母（白拉扎姆）像迎请到大昭寺顶圆廊下。于黎明时分沐浴，男女老少前来祭祀供奉，僧众举行隆重的祭神仪轨和会供。当

第四章 节庆四季 欢乐海洋——西藏节日民俗

"白拉日垂"——吉祥天母节

天晚上，迎请天母像到觉沃（释迦牟尼）佛殿，与觉沃佛对坐。藏历十五旭日东升时，僧人们用头顶着天母像来到八廓街，善男信女纷纷向天母敬献哈达。继而来到八廓街东北的甘丹大经杆处，由拉萨土地神恰次向天母敬献哈达、顶戴敬礼。此后至巴廓街东南与天母妹妹东赞杰姆相会，并将天母像面朝拉萨河南岸的赤仆地。与此同时，拉萨河对岸的赤仆地也有僧人将宗赞的塑像面朝北，表示两相会面之意。仪式结束后返回大昭寺将天母像安放在原来的宝座上。

如今，吉祥天母节在民间渐渐演变为一个具有特殊意义的纪念日，成为具有西藏特点的妇女节。妇女们在这一天刻意梳妆打扮，向同事开玩笑索要礼金共同欢度节日，或外出游玩，到白拉扎姆神像前焚香祈祷，为自己的将来许个好愿。

137

八、甘丹安曲

甘丹安曲节又名燃灯节。藏历十月二十五是藏族佛教格鲁派祖师宗喀巴大师圆寂日，西藏各地的寺院和普通人家都点供灯祭奠宗喀巴大师。

拉萨地区夜幕刚刚降临，八廓街大街小巷隐没在闪烁的酥油灯海中。桑烟弥漫，香火缭绕，沿街楼顶上摇曳的酥油灯火苗在微风中舞动，似乎整个世界都挂满了酥油灯，转经的人们川流不息，到大昭寺前人们将桑枝一把把投入香炉，许多人把风马旗撒向空中，以求好运。在昌都地区，人们除家家在房顶、院墙或窗户边点燃酥油灯，到就近的寺院拜佛转经焚烧桑烟外，还有一个习俗，就是当地的儿童在节前两三天纷纷出门，挨家挨户去讨要钱或食物，留待节日时享用。人们认为，孩子们化来的钱物是宗喀巴大师所赐的福力，面对前来的孩子，每户人家会或多或少给一些钱物。"安曲"节晚上，儿童们聚在一起，一边集体念诵经文赞颂宗喀巴大师，一边共同享用化来之物，通宵达旦地玩耍。

娱乐节日

从严格意义上讲，西藏的大多数节日都具有娱乐性质，肃穆庄严的宗教节日也都具有娱神娱人的双重功能；而所谓"娱乐型"节日，也或多或少带有宗教的色彩。

一、林卡节

夏日的西藏，阳光明媚，风和日丽，树木成荫，草绿花红。人们习惯从藏历五月开始走出庭院，到浓荫密布的林卡或山花烂漫的草坪尽情游玩，享受大自然的恩赐。五月十五，藏语称"赞林吉桑"，意为"世界焚香日"（也译为"世界快乐日"）。相传这一习俗起源于赤松德赞时期，是为纪念桑耶寺的成功修建而举行的盛大焚香祭神活动。这天，各地焚烧香柏枝，逛林卡也达到高潮，故而人们又称之为林卡节。

在冬长夏短的西藏高原，人们十分珍惜夏季风和日丽的美好时光，整个夏季人们有闲都外出逛林卡，"赞林吉桑"仅是人们逛林卡活动中的一天或开始。有趣的是，现代的五一节、六一节等都已成为林卡节的一部分。十月一日国庆节，拉萨等地的人们取了一个新名："林秀"，意为林卡节结束日，之后一般不会有人再去逛林卡了，因气候已逐渐变凉，又快临近寒冷的冬季了。

林卡节的活动丰富多彩而富有情趣。人们三五成群在林苑内搭建帐篷或拉起围幔，饮着酒，吃着带来的丰盛食物，掷骰子、打牌、下棋、

❊ 拉萨市民在罗布林卡过林卡节。

打克朗球，各种娱乐形式应有尽有。更多的是饮酒唱歌，欢快起舞。歌声、欢笑声不时从座座围幔内传出，飘荡在林苑上空。当夕阳染红林苑时，摇摇晃晃的人们才哼着小曲相扶而归。

西藏各地在夏季都有与逛林卡相似的娱乐活动，只是叫法不同。有的地方叫"亚吉"，意为"夏乐"；有的称"萨列"，"耍坝子"之意；还有的叫"日堆"，即转山游玩。如昌都，每年藏历五六月间，人们携带生活用品和足够的食物，外出安营扎寨，到水草丰茂的草坝或景色优美的山林间尽情玩耍，数日后方才归家。

二、沐浴节

每年藏历七月上旬，即弃山星（藏语称嘎玛日西，即金星）从出现到隐没的七日内，西藏各地有一个群众性的沐浴活动。藏族民间认为，初秋之水有甘、凉、软、轻、清、不臭、饮不损喉、喝不伤腹八大优点。经弃山星照耀过的水均成药水，能治病除疾，强身健体，预防百病，因此人们纷纷在这一段时间到河边、溪畔、泉旁，沐浴洁身。

在拉萨等地，白天，人们在河边清洗家中的衣物铺盖等，洗毕后就地晾晒于河滩上，五颜六色的图案布满了河滩，孩子们在一旁嬉戏玩耍；夜幕降临，皎洁的月光映着河面，弃山星当空出现，人们纷纷脱衣下河，开始圣洁的沐浴，洗去不洁和灾病。洗浴完毕各家背起大捆晾干的衣物，乘着朦胧的夜色尽兴而归。

三、雪顿节

雪顿节，意为酸奶宴会节，是一个古老的节日。由于雪顿节活动内容逐渐演变为以藏戏会演为主，故又称藏戏节。节日从每年藏历六月三十至七月上旬，历时十余天。传统的雪顿节活动方式为：藏历六

第四章 节庆四季 欢乐海洋 —— 西藏节日民俗

❀ 拉萨雪顿节上，哲蚌寺举行展佛活动。

月二十九，各地藏剧团一早到布达拉宫向主管藏戏的地方政府"孜洽列空"报到，并举行简单的表演仪式；然后到罗布林卡向达赖致意，晚上回到哲蚌寺。六月三十，在哲蚌寺举行展佛活动，然后各剧团联合演出一天藏戏。七月初一，来自各地的剧团在罗布林卡进行联合演出。七月初二至初五，由来自江孜、昂仁、南木林、拉萨4个地方的剧团轮流各演一天戏。节日期间，噶厦地方政府机关放假，全体官员集中在罗布林卡陪达赖看戏；中午噶厦设宴招待全体官员，席间要吃酸奶。拉萨市民和郊区农民着盛装，带上吃喝用品前往罗布林卡观看演出。

现在的雪顿节保留着浓郁的传统特色，其主要活动仍由展佛拉开序幕，继而进行长达数日的藏戏表演。所不同的是，在每年的六月三十夜晚，拉萨市政府在布达拉宫广场或其他文体场馆举行隆重的雪

141

顿节开幕式暨文艺表演活动。

藏历六月三十清晨天还不亮,来自四面八方的数以万计前来观看展佛的僧俗群众和游人便汇聚哲蚌寺内外。晨曦初露,在高举旗幡的仪仗队的导引下,在低沉雄浑的法号声中,数百名青壮年喇嘛和信教群众抬着几十丈长的巨幅唐卡佛像缓缓走向展佛台。当巨大的唐卡在展佛台上徐徐展开时,法号声声,香烟弥漫,无数洁白的哈达投向展台,数万善男信女轮番涌到台前观瞻朝拜,展佛活动持续半天。其间,由藏戏团在展佛台前的平台上表演藏戏。午后,到哲蚌寺噶丹颇章院内继续表演。展佛期间,人们转佛堂庙宇,拜佛祖菩萨,许多人还到哲蚌寺后山去转经朝圣。

❋ 在拉萨大昭寺南广场演出传统藏戏《文成公主》。

在哲蚌寺展佛的同时，藏传佛教格鲁派三大寺之一的色拉寺也在当天展佛。为了方便广大信众朝佛，西藏交通旅游部门每年安排数十辆大巴车开辟专线免费接送群众往返色拉寺和哲蚌寺，这一做法受到群众的广泛赞誉。

从七月初一开始，罗布林卡内每天都有各藏剧团的精彩藏戏表演，观众人山人海。罗布林卡内各种娱乐活动、风味小吃应有尽有。

近年来，为了满足广大群众和游客观看藏戏表演的需求，西藏文化部门在龙王潭公园广场上也安排演出藏戏，由参演的各大剧团轮流在罗布林卡和龙王潭演出藏戏，深受广大群众和游客欢迎。

随着西藏旅游业的发展，每年参加雪顿节的海内外游客越来越多。许多大型经贸和文化活动也在雪顿节期间举行。如今，雪顿节已成为西藏最具影响力的民族节日盛会。

今天的西藏，人们既过传统节日也过现代节日，尤其是城镇居民和机关职工，像元旦、五一劳动节、十一国庆节也都过。西藏各地市还根据各自的文化特色举办丰富多彩、特色鲜明的地域性节日。除拉萨的雪顿节和那曲地区的赛马节外，阿里地区有"象雄文化旅游节"，至2015年已举办六届。日喀则市则从2001年开始举办"珠峰文化旅游节"，至2015年已经举办了十三届。山南地区有"雅砻文化节"，现在命名为"中国西藏雅砻文化节"，影响日渐扩大，已连续举办多届。林芝地区有"林芝桃花文化旅游节"，至2016年3月已经举办了14届。昌都地区则联合青海玉树、四川甘孜、云南迪庆三个藏族自治州共同轮流举办"康巴文化旅游艺术节"，每四年举办一次，从1995年第一届开始已经举办了七届，其中昌都承办了2000年的第三届和2013年的第七届。2015年9月，昌都还举办了首届"西藏昌都三江茶马文化艺术节"。这些节日，既有浓厚的地域文化特色，又有着强烈的时代气息。

西藏地区主要节庆表 1-1

时间（藏历）	节庆	盛行区	节日主要内容
一月初一	藏历新年	西藏各地	最隆重的传统节日,有赶鬼、吃"古土"、喝"观颠"、抢水等活动。
一月上旬	传昭大法会	拉萨	藏语称"默朗钦姆"。法会期间,四方僧人云集拉萨。在大昭寺内诵经祈祷,讲经辩经,考拉让巴格西学位。虔诚的信徒们纷纷前来添灯供佛,向众僧发放布施。
一月十五	酥油花灯节	西藏各地	寺院举行盛大法会祈愿供佛,搭花架,上面摆放以彩色酥油塑成的人物、花卉、鸟兽、吉祥徽等。花灯点燃,宛如群星,五彩缤纷。人们在夜幕降临之际观看花灯,高歌起舞,彻夜不眠。
二月	传昭小法会	拉萨	拉萨三大寺评定格西,并举行把两个鬼（由人装扮）送到拉萨所属地界之外的"吕贡杰布"仪式。
三月十五	时轮金刚节	西藏各地	纪念释迦牟尼在此日讲授时轮金刚的传统宗教活动,寺院僧人做彩供、修时轮金刚曼陀罗、诵经等。
四月十五	萨嘎达瓦节	西藏各地	藏历四月称"萨嘎达瓦"。释迦牟尼于此月降生、成道和圆寂,藏族人十分看重此月,不杀生,不吃肉,转经朝佛,广行善事。节庆期间,各寺院举行各种佛事活动,民众则转经朝佛,焚烧神烟。
四月中旬	江孜达玛节	西藏江孜	后藏江孜一带的传统节日,主要活动内容为跑马射箭。达玛节一般为期3天,第一天举行简单的宗教仪式,并做赛前准备;第二天赛马;第三天射箭。比赛结束后,人们在近郊林卡欢宴。
五月十五	林卡节	西藏各地	藏语称"赞林吉桑节",意为"世界快乐日"。五月初一至十五的半个月里,人们到林卡中游乐,十五逛林卡进入高潮。

西藏地区主要节庆表 1-2

时间（藏历）	节庆	盛行区	节日主要内容
六月初四	珠巴次西节	西藏各地	藏语称"珠巴次西"。藏历六月初四，是释迦牟尼初转法轮的日子，僧俗民众去附近佛寺和神山朝圣，故又称为"六四转山节"。转山结束后，人们在野外搭起帐篷或围幔，尽情游玩。
六月十五	仲确节	西藏类乌齐	藏东类乌齐一带最悠久的节日，即"修行仪轨节"，包括寺院宗教仪式和民间世俗活动两方面。类乌齐寺从6月15日开始长达45天的法事活动；民间活动主要有商贸、转寺转塔和民间歌舞等，最主要活动是转德青颇章神山。
六月三十至七月初六	雪顿节	拉萨	藏语意为"酸奶宴"，故称"酸奶节"。雪顿节期间有隆重热烈的藏戏演出和规模盛大的展佛仪式，别称"藏戏节"或"展佛节"。
七月	那曲赛马会	西藏那曲地区	藏北最主要的节日之一。规模盛大，极为隆重。主要活动是各种形式的赛马和马术表演，同时还穿插搬石头、摔跤比赛、服饰展演等活动。
七月初六至十二	沐浴节	西藏	沐浴节是西藏各地的群众性沐浴活动，以拉萨地区最具代表性。
（每逢羊年）七月十五	帕邦唐廓节	西藏林周县	热振格培林寺僧人进行诵经、祭礼、跳神舞等活动,同时开展商品交换和赛马、跳舞等活动。
八月初四至初六	斯莫钦波节	西藏日喀则地区	"斯莫钦波"意为"大型表演"，是扎什伦布寺一年一度规模盛大的宗教节日，主要活动是表演密宗金刚神舞，即俗称的"跳神"。

西藏地区主要节庆表 1-3

时间（藏历）	节庆	盛行区	节日主要内容
八月初八至十二	噶尔恰钦	西藏阿里地区	阿里地区以赛马为主要活动内容的传统节日。盛会期间还进行大规模的贸易交流活动。牧民用羊绒、牦牛绒、药材等换取布匹、糖果、日用品等。
九月二十二	降神节	西藏各地	藏语称"拉波堆庆"。这天，人们纷纷到寺院朝佛献祭，焚香转经，接济乞丐，广做善行，祈愿神佛保佑万物生灵。
十月初一	工布新年	西藏林芝地区	林芝地区的新年，有赶鬼、请狗赴宴、吃"结达"、背水、祭丰收女神等活动。
十月十四至十五	吉祥天母节	拉萨	藏语称"白拉日垂"，对大昭寺的吉祥天母进行隆重的祭供，在民间已渐渐演变为女人节。妇女们在这一天刻意梳妆打扮，外出游玩，到吉祥天母神像前焚香祈祷，为自己许个好愿。
十月二十五	燃灯节	西藏各地	藏语称"甘丹安曲"，该日是藏传佛教格鲁派祖师宗喀巴圆寂日。各地的藏传佛教寺院和普通人家都点供灯祭奠宗喀巴大师。
十一月十五	冬季大法会	西藏萨迦县	萨迦寺僧人表演密宗舞，由世俗群众表演妖魔舞、神兵舞等，并焚烧"朵玛"。节日期间还举行商贸活动。
十二月初一	农民新年	西藏日喀则地区	藏语称"索朗洛萨"，是日喀则地区的新年，时间是藏历十二月初一，比拉萨地区过藏历年提前了整整一个月。现在日喀则地区除个别地方外，藏历新年基本上统一为正月过年。
十二月二十九	驱鬼节	西藏各地	各寺院举行盛大的跳神活动，家家户户扫净灰尘，驱除邪祟。

第五章

斗智斗勇 怡情益智
西藏游艺竞技

西藏游艺活动的种类多，内容丰富，且历史久远。

早在远古时代，藏族先民便在实践中创造了许多与生产劳动密切相关的游艺形式，如射箭、抛石等。吐蕃时代，藏族的游艺活动已经得到了很大发展，藏文史料和西藏寺院、宫殿的壁画都有记载和生动的反映。当时的游艺形式有下棋、打马球（波罗球）、骑射、赛跑、角力等，还有许多杂技类游艺。在桑耶寺乌孜大殿东门内左侧回廊和中层回廊上，至今仍有反映当时竞技和游艺的壁画，内容有举重、射箭、摔跤、赛跑和赛马等。值得一提的是吐蕃的打马球活动，当时在吐蕃十分流行，且有很高的竞技水平。马球传入长安，成为唐朝风靡一时的体育竞技活动。唐朝时汉地杂技传入吐蕃和吐蕃马球传入长安，不仅丰富了各自的娱乐方式，还是汉藏民族友好交往、互相学习、互相影响的生动例证。

经过千百年的发展，藏族的游艺已形成了以骑射、角力、棋艺、田径和智谜等为代表的综合性娱乐方式。

民间竞技

藏族的民间竞技活动主要有骑射竞技、角力竞技和田径竞技三大类别，活动形式有赛马和马术、赛牦牛、射箭、抱石、摔跤、拔河、赛跑等，形式多样，内容丰富，极富民族特色。

一、赛马与马术

赛马是藏族民间最古老和最盛行的竞技活动和娱乐方式之一。藏族社会赛马活动的兴盛有着深刻的社会与历史文化根源。藏族是一个善骑射的民族，古代以能骑善射、民风强悍著称。吐蕃时代，藏族铁骑四处征战，曾北进西域，南抵印度，东临唐境，征南诏，占陇右，跃马横刀于青藏高原。骑射之术是藏族古代男子必备的基本技能。《汉藏史集》一书中记载了藏族男子的9种技艺和9种游艺，包括射箭、抛石、跳跃、掷骰子、下棋、测算、赛跑、抛套索、游泳等技能。藏族长篇英雄史诗《格萨尔王传》中，有一部专门讲述少年格萨尔通过赛马比赛获得王位的篇章"赛马称王"。赛马活动最初产生于藏族古代部落社会，历经千百年的传承发展，至今仍是最受人们喜爱的竞技娱乐活动。

藏族赛马有丰富的文化内涵，从相马、驯马到赛马有一系列礼俗活动。

藏族善于相马，有一套从实践中总结出的选择马匹优劣的方法。

❖ 体育竞技（桑耶寺壁画）

根据马的口齿、体型、毛质、步态等，将马分为其林（音译）、甲达、都瓦、母庆、如欧等五类。

长相：上等的凤凰脸型，中等的山羊面孔和下等的鹿子脸蛋。

腿型：优等的牛腿、次等的鹿腿和劣等的山羊腿。

蹄型：上部美观像木碗，边沿磨损似铜花瓣，陡直短小如铁猪蹄，以上三种蹄型的马最佳。四边卷缩蹄心无凹陷，蹄面平平无后踵，周围无边又圆滑，此三种蹄型马较差。四弯三直的蹄型，数中流马。

马的口齿：像野骡齿、绵羊齿、驴齿的奉为上三等；像骆驼齿、犬牙、牛齿的视为下三等；像虎牙的，列中等。

毛质：毛粗且长似鹿毛或短而壮似虎毛的视为最佳，软且长似狐毛的欠佳，短似熊毛的视为最差，毛似驴毛不软不刚的算中等。

按用途主要将马匹分为走马和跑马，其选取又有不同。

头长，头顶与鼻子之间窄狭而鼻梁略凸，圆鼻孔，眼睛黑亮略带三角形，头顶凸又高，双耳高耸而薄，肩胛骨大，外肋及髋部宽又大，四蹄高厚，脖子细长，鬃丰而长，尾稀而长，前腿像箭一般直，而后腿像弓一样弯曲，步伐稳健的白色或红色骏马。符合以上特征的用作走马。

四肢粗大，胸部宽大，尾骨短小，颈部粗，骨节圆，四蹄大的骏马，则为跑马之材。

各地驯赛马都有一套行之有效的独特调教方法。

藏北草原的牧民十分重视赛马活动，早早就着手准备。参赛的马不再用于生产劳动，以使其养精蓄锐。在冬季三九寒天（专指藏历十月二十九、十一月二十九和十二月二十九这三天）的上午，要给马洗冷水澡。牧民们认为，这样夏季赛马时，马会跑得快，奔跑时呼吸不困难。为了比赛时不影响呼吸，一般不给赛马喂特别精的饲料，尤其

拉萨雪顿节期间的马术表演

不能喂油腻食品，马的最佳饮料是在山羊奶中放冰糖。快到夏天的时候开始驯马，训练要循序渐进，每隔一周练跑一次，每次跑完都要给马洗冷水澡。临近比赛的最后一周，练跑频率增加，上、下午各跑一次，完毕淋浴一番，洗完后要用羊毛毡将马身裹好保暖。赛马在整个比赛期间除了上场比赛，其余时间全部包在毡子里。当雄地区在参赛前四十天到两个月时间内，每天深夜把赛马浸泡在冰冷的河水里，次日凌晨才遛马，给马梳洗。经冰水浸过的骏马，骨骼清奇、跑势凌厉、富有耐力。

赛马的形式主要有速跑和走马两大类，速跑主要看速度，以先到终点为胜。走马既要看速度，又要看马的步态，要求步伐平稳、四蹄不乱。

赛马时，不仅比马，还有比人马协同配合的马术比赛。马术比赛的主要形式有马上倒立、马上直立、仰睡、马上跳跃、拾哈达、敬青稞酒和马上射箭、射击等。

二、赛牦牛

牦牛是青藏高原特有的体形高大的动物，自从被藏族先民驯养为家畜后，便与人们的生产生活密不可分。人们耕种离不开牦牛犁地，搬迁离不开牦牛驮运，日常生活离不开牦牛的皮、毛、肉、奶及其制品。可以说，牦牛为藏族人提供了衣食住行所需的一切物质材料。

牦牛不仅给藏族人提供物质产品，还给藏族人带来精神享受和愉

❖ 拉萨墨竹工卡县传统的赛牦牛比赛

悦。在重大节日和大型聚会场合，赛牦牛成为藏族人重要的娱乐方式。

赛牦牛同赛马的竞赛规则大致相同，以比速度先到终点为胜。不同的是，牦牛赛的赛程短，一般为200米左右，且牦牛性野，不易调服，容易在场上"违规"，不是将骑手掀翻在地，就是胡乱冲入人群。竞赛前，骑手用彩线彩绸将牦牛打扮一新，两只高挑的牛角上还用涂为彩色的牛尾和鹰羽装饰，在牛背上安放骑鞍。比赛时，当发令员一声令下，群牛齐出，在骑手的指挥和催促下争相往前。但是，牦牛一般都无大赛经验，也不像马一样与人配合默契，常常不听骑手的指挥，胡乱冲撞。在观众震耳欲聋的呼喊声中，在骑手焦急的催促下，牦牛得到的往往不是奋勇争先的鼓励，而是压抑已久的野性复苏。他们东突西撞，撅屁股、拧脖子、掀尾巴、腾跳起跃。许多骑手经不住牦牛撅、腾、掀、拧招式的折腾，还未到终点就被摔下牛背，失去夺冠的机会。有的牦牛驮着骑手直接冲入观战的人群，引来观众的惊呼和躲避，引来更多的则是观众的笑声。赛牛场上，气氛热烈，观众情绪高涨，欢笑声不绝于耳。获胜的骑手和牦牛都会得到奖励。牦牛的奖励通常是给它披红挂彩，以彰显优胜者的荣誉。

赛牦牛至今仍是人们十分喜爱的趣味性很强的竞技活动。在雪顿节、运动会等大型场合，赛牦牛常作为竞技和娱乐项目之一，为节日增添欢乐与喜庆。

三、射箭

射箭是藏族男子必备的技能之一，射箭比赛过去是藏族男子的"专利"。藏族的射箭比赛以称为"碧秀"（响箭）的形式最为著名。"碧秀"过去主要流行于林芝地区，现在已是西藏颇负盛名的传统竞技项目。

响箭的原理主要在于箭头的构造。一般的箭头为铁质实心，而响箭的箭头为木质圆锥形，箭头上钻有几个小孔（多为4个），箭离弦后因空气振荡而发出尖利的叫声。"碧秀"比赛，当射手张弓举箭劲射时，离弦的箭带着尖利的呼啸声射向目标，顿时赛场上回荡着响箭特有的声响，令人紧张和兴奋。响箭比赛分长距离赛和短距离赛，短距离赛比准，长距离赛比远和准。

四、抱石

抱石藏语称为"朵加"，这是一项已有1000多年历史的古老竞技活动，在吐蕃时代就已流行，一直沿袭至今。在桑耶寺壁画中，有专门反映抱石活动的场面：画面上有4个人同时参加抱石竞赛，但动作各异。一人正准备从地上抱石，两人已将石头抱于胸前，一人已将石头扛上肩部，眉开眼笑，好像他已胜券在握。4位参赛者皆秃头，外

❖ 那曲市"羌塘恰青赛马艺术节"上的传统抱石比赛

穿长袍，系腰带，内着紧腿裤，脚穿长筒靴。两名头戴盔帽，身穿长袍的裁判在一旁仔细观看。

抱石比赛所用的石头多为椭圆形，有大小和重量不同的多个型号，往往还要在石头上抹酥油以增加比赛难度。比赛时，赛手先躬腰抓握石头，屏息提神，调整好姿势，将石头抱至双腿上，然后掌握好角度，挺身将石头举到肩膀上，要求赛手身体不得晃动，保持挺直姿势，然后将石头平稳地放回地面。由于石头抹有酥油，易打滑，抱石过程中石头滑手，可以再次抱石，但对成绩有一定影响。如果石头举过肩部，但身体不稳，或放石时不是平稳地用手放下，而是抛下，仍然影响成绩。比赛的胜负以所抱石头的重量多少决定，如果参赛选手举起了同样重量的石头，则要参考抱石过程中是否有失误，以此确定优胜者。"朵加"活动现在常作为运动会的比赛或表演项目。

五、抛石

藏族的抛石活动形式多样，各地在比赛规则和活动形式方面有所不同。阿里一带流行插上代表将军和士兵的石块作标靶的抛石项目，后藏地区流行插上"阿力"作标靶的投石比赛，山南等地流行插上牦牛犄角作靶的比赛，还有各地垒石作标进行的比赛，更有极富民族特色的用"乌尔朵"抛石器进行的比赛，等等。抛石是一项具有广泛群众基础的竞技项目。

"乌尔朵"系藏语音译，意为"飞石索"，用毛线编结而成。"乌尔朵"本是狩猎和放牧牛羊时使用的工具，现在放牧时仍广泛使用，并成为颇具藏族特色的一个传统竞技项目。

"乌尔朵"呈带形，长约2米，两端窄而中部宽。正中是一宽约4厘米、长约8厘米的椭圆型宽带，用以包放投掷的石头。绳的一端有套圈，使用时可将右手的食指套于圈内。比赛时，选手站成一排，将"乌尔朵"对折，夹石于绳的正中宽带内，扣食指于套圈，并用拇指压住，无套圈的另一端夹在食指和中指之间,然后举起"乌尔朵"在身旁均匀挥动成弧形,速度由慢而快,发出"呼呼"声响,当旋转速度足够高时,对准目标,猛将夹在食指和中指之间的一端放开,石头在惯性作用下呈弧线抛掷出去直击目标。"乌尔朵"比赛以掷远或掷准为判断胜负的标准。掷准比赛时,一般设靶于百米开外,参赛选手按顺序轮流抛石,抛石次数一般为二至三次,以击中靶子为胜。若一轮下来有多人击中,则进行第二次竞技,将未击中者淘汰出局,从而产生优胜者。掷远比赛时,一次定胜负,以抛掷远者为胜,依次给以奖励。

六、摔跤

摔跤,藏语称为"北嘎",这也是一种斗智斗勇的角力比赛。藏式摔跤历史久远,在许多寺院的壁画中都有反映摔跤活动的内容,其中,尤以桑耶寺壁画最为著名。根据壁画描绘的场景,当时的摔跤虽然也是二人对抗进行的比赛,但比赛时是几对选手同时进行,画面上共有12人分6组同时比赛。参赛选手一方着红色短裤,一方着白色短裤,均跣足。比赛双方均全力以赴,紧张搏斗。有的打得不可开交;有的刚开始交手;有的则已分胜负。比赛时设有两名裁判,身穿藏式长袍。一名裁判手拿着有藏文"1"字的木牌站立于方桌上,另一名裁判手持"2"号木牌立于桌旁,仔细观看选手的竞赛,以便给获得第一、二名选手颁发获奖凭证。此外,还有3名妇女手持哈达,准备献给优胜者。周围的观战者兴高采烈,手舞足蹈,评头论足。整个壁画,把当时摔跤的场景描绘得逼真传神,惟妙惟肖。

今天的藏式摔跤接近柔道。选手着藏袍,系宽腰带,比赛时各自搂住对方腰部,用手和腰部的力量将对手摔倒,不能用腿脚蹬踢,以摔倒对手为胜。

七、拔河

藏族各地的拔河赛形式不同，而以称为"押架"的拔河赛最具特色。"押架"拔河又称为"大象拔河"，已有几百年的历史。有双人比赛和四人比赛两种形式。如为双人比赛，取一根粗索，两端绾圈，参赛的两名选手各自将绳索从裆间穿过，经过腹部，将圈套于脖颈上。比赛时，双手着地，身体呈俯卧状，手脚并用往前拉爬，直到把对手拉过中线。如为四人比赛（双方各为两人），比赛形式相同，只是在绳索的两端分别接出一根绳，使绳索的两端分别有两股绳，长度一致，同样绾圈。比赛时参赛双方的两位选手平行俯卧于地，同时用力，合力将对手双方拉过中线为胜。"押架"拔河不是直接用手拉绳，靠的是脖颈和身体的力量，手脚只起辅助作用。"押架"是很受群众欢迎的竞技游艺活动。

八、赛跑

赛跑是古代藏族男子"九艺"之一，是民间盛行的竞技活动。同藏式摔跤、抱石和赛马等传统竞技一样，赛跑也是历史久远的竞技形式。桑耶寺壁画中描绘了古人赛跑的场面：有14人参加比赛，分别穿红、白、绿三色短裤，戴帽跣足，你追我赶，争先恐后。有的选手边跑边喊，有的左顾右盼似在寻找同伴，有的因抢跑道发生争吵而引起裁判的注意。整个画面生动形象地展现了竞争激烈的赛跑场面。藏族民间举行的赛跑比赛，各地没有固定的规则，比赛距离的长短因时因地而异，主要比速度和耐力。在设定的距离内，以先到达终点为胜。

藏族的传统竞技活动还有许多形式，如跳高、跳远、游泳、攀索、斗牛等，西藏各地大至一个地区，小至一个村寨都有一些带有浓厚地域色彩的民间竞技活动，极大地丰富了藏族传统体育竞技活动，成为藏族优秀文化遗产的一部分。

民间游艺

唱歌、跳舞是藏族民间娱乐活动的重要形式和内容。除此之外，藏族还有许多游艺娱乐方式，常见的有下棋、打克朗球、掷骰、放风筝、猜谜、踢毽等斗智斗勇的游艺。

一、二王棋

二王棋，是在藏族民间广泛流行的娱乐形式，各地称呼有所不同，拉萨地区称之为"杰布坚增"，意为"王之争胜"；日喀则称"达孜鲁孜"，意为"虎羊之玩"，林芝地区叫"杰布坚联"，即"王之争王"之意。玩棋不受条件限制，画棋盘于地，以小石子为棋子，在节日或劳作闲暇，茶余饭后，可随时随地进行比赛。下棋时，有3种形式略有不同的棋盘。

第一种是画纵横线各5条、斜线6条，在中央轴线端画一个内有十字的倒置三角形，作为"王宫"或"虎穴"。第二种是棋盘画法相同，唯两侧中轴线各有一"王宫"或"虎穴"。第三种是将棋盘画成纵横线各9条、斜线14条，四方中轴线各有一"王宫"或"虎穴"，共4个王宫（虎穴）。3种棋盘下法相同。兵（羊）有两种布局法：一是把兵（羊）全部沿边缘线布好；二是先在边缘内田字处布下若干兵（羊），其余兵（羊）握在手里堵王。王（虎）居中心点，跳一步用一线双头平衡一担挑的办法吃兵（羊）。王（虎）被堵时只许在一路，兵每轮只走一步。如王（虎）将兵（羊）吃尽或使剩下的兵（羊）无力堵王（虎）或无力将其逼入王宫（虎穴）时，王（虎）方即为胜；反之，兵（羊）将王（虎）围进王宫（虎穴）即胜。

二、藏围棋

藏围棋,藏语称为"密芒"。"密"的意思是"眼睛","芒"为"众多",故"密芒"被人称为"多目棋"或"多眼棋"。

藏围棋棋盘上有纵横17条线路(289目),与纵横19条线路的现代围棋有一定差别。竞赛双方各执白、黑棋子。在比赛规则上,藏围棋每局均由执白棋的一方先走。何人执白由竞赛双方赛前猜选:一方抓一把棋子让对方猜单、双,猜对者执白棋,猜错则执黑棋。一局赛完后,下一局便轮换执白。对弈前,先在棋盘上交叉摆放黑、白棋子各6枚,然后开始下棋,因而藏围棋不让子,如果双方实力悬殊,通过"贴目"办法解决。具体"贴目"多少由双方对局前商定。藏围棋可两人对下,也可多人分成两方对下,同一方可共同商定对策和战术,如当天

❀ 围棋世界冠军与藏式围棋"尼木"棋传承人的互动交流

赛不完可封盘次日继续下,直到决出胜负。藏围棋是一种高级斗智娱乐项目。

三、掷骰子

掷骰子藏语称为"秀纠",是民间十分盛行的游戏活动。在藏族古代,掷骰子本不是娱乐活动,是占卜打卦的重要形式,尤其在吐蕃时代十分盛行。后来,掷骰子逐渐演变为一种娱乐形式,从神坛走向民间,成为男子必备的"九艺"之一。

掷骰子所用的骰子一般为骨制品,为大小约1厘米的正方体,有6面,每面分别刻有1—6个排列有序的圆点,代表不同的数字。掷骰时所需的器具简单:一对骰子,一个木碗,一个圆形皮制软垫,软垫直径约20厘米,垫内填塞有一定弹性的牛羊毛、毡子等物;一些计数

掷骰子

物（藏语称为"踵布"）、海贝、豆粒或小石子，以海贝为佳，数量最好108枚；区别物（藏语称为"拉吉"），需3种各9枚，以颜色或形状区分，常用藏币、铜板或金属圈充任。

掷骰游戏一般3人玩，也可2人、4人或6人玩。4人是2人的变化形式，6人则是3人的变化形式，以对家为一组。玩掷骰游戏时，人们先铺垫子于地，将皮质骰垫置于中央，旁放木碗和骰子，周围摆放一圈计数物"踵布"，玩者盘腿坐于垫上围成一圈，每人捡9枚"拉吉"，然后按顺时针方向轮流将骰子放入木碗内旋转后扣于骰垫上，根据骰子显示的点数从头拨数同等数量的"踵布"，并在此点位置上放置"拉吉"，这样轮流掷骰子直到"拉吉"下完，谁先将自己的9枚"拉吉"走至108个"踵布"的尽头即为胜者。角逐期间，可互相厮杀，互相碰吃，或退回起点，或停赛一轮，精彩激烈。掷骰游戏玩者均为男性，玩时大呼小叫，极为投入，气氛热烈。许多人边掷骰子边唱骰子词，诙谐幽默。由于掷骰游戏简单易学，不受时间、地点、人数和环境条件的限制，是人们在劳作闲暇时最常见的游戏方式。

四、放风筝

放风筝是西藏拉萨和日喀则一带流行的季节性娱乐活动，以拉萨地区最为盛行。

风筝，拉萨话称为"企毕"，意为"飞鹰"；书面语称"秀恰"，类似于汉语的"纸鸢"。传统的风筝均为自己制作，多用竹篾作骨架，用藏宣纸糊就，呈菱形，多为白色。风筝线轱辘像个车轮，故称"阔罗"，用小圆木和木板做成，有轴心和轴杆，风筝线缠绕在轱辘上。藏族放风筝时多为互相"打架"，因此对风筝线极为重视，往往要在结实的丝棉线上再涂抹一层玻璃胶，故有人称风筝线为玻璃线。玻璃胶的制作是用糌粑、猪皮、鳔胶、细玻璃碴儿与温水搅拌均匀而成，放风筝前在线上涂抹一层玻璃胶，使线结实而锋利，有利于在风筝斗架时割断对方的风筝线而取胜。

藏族放风筝很讲究季节，一般是在"望果节"之后、约8月至10月的秋季。此时的西藏天高气爽，秋风习习，正是农民秋收打场季节。人们认为放风筝可引来大风，利于打场脱粒，因而鼓励大家尽情地放风筝。但是，如果"望果节"之前放，会早早将风招来，到麦收扬场时风力就不足，会严重影响打场的进度和质量。因此，早放风筝会招来农民的不满甚至唾骂，人们都会自觉遵守这一习俗和禁忌，抓住每年秋收时节的几个月尽情放飞。

人们过去放风筝一般是在自家屋顶平台上，也有在广阔的原野上放飞的。既有自己放飞取乐，但更多的是放风筝打架的，尤其是青少年和孩子们，放风筝总会与人交战争斗。风筝交战有许多技巧，重要的一条是要设法将自己的风筝线压住对方的风筝线，这样就抢占了制高点，掌握了主动权，容易将对方的风筝线割断。人们放风筝常常忘了吃饭和休息，乐此不疲，沉浸在极度的兴奋和快乐之中。至今，放风筝仍是人们十分喜爱的活动，风筝的种类、形式更加丰富。

藏族儿童游戏很多，比如找牛犊、猜谜语、骑牛羊赛跑等。

今天，藏族优秀的传统游艺形式得到了继承和重视，许多传统形式如赛马、马术、摔跤、射箭、抱石等被列为各级运动会的比赛或表演项目，新的竞技和娱乐方式如登山、现代球类和田径等，丰富着人们的业余生活。总之，现在的游艺竞技形式更加丰富，传统与现代并存，活动的内容更精彩。

主要参考资料

1. 巴·赛囊：《巴协》（藏文），民族出版社，1980；巴·赛囊：《巴协》，佟锦华、黄布凡译注，四川民族出版社，1990。

2. 达仓宗巴·班觉桑布：《汉藏史集》（藏文），四川民族出版社，1985。达仓宗巴·班觉桑布：《汉藏史集——贤者喜乐赡部洲明鉴》，陈庆英译，西藏人民出版社，1986。

3. 《帮锦梅朵》编辑部编《西藏民俗精选本》（藏文），民族出版社，1999。

4. 次仁曲培著：《藏食菜谱》（藏文），西藏人民出版社，1993。

5. [奥地利]内贝斯基：《西藏的神灵和鬼怪》，谢继胜译，西藏人民出版社，1993。

6. 《西藏研究》编辑部编《西藏志、卫藏通志》，西藏人民出版社，1982。

7. 西藏社会历史调查资料丛刊编辑组：《藏族社会历史调查》(1-6集)、《门巴族社会历史调查》(1-2集)、《珞巴族社会历史调查》(1-2集)，西藏人民出版社。

8. 关东升主编《中国民族文化大观·藏族、门巴族、珞巴族》，中国大百科全书出版社，1995。

9. 赤列曲扎：《西藏风土志》，西藏人民出版社，1982。

10. 丹珠昂奔：《藏族神灵论》，中国社会科学出版社，1990。

11. 霍巍：《西藏古代墓葬制度史》，四川人民出版社，1995。

12. 格勒等：《藏北牧民——西藏那曲地区社会历史调查》，中国藏学出版社，1993。

13. 中国藏学研究中心社会经济研究所编《西藏家庭四十年变迁——西藏百户家庭调查报告》，中国藏学出版社，1996。

14. 王贵：《藏族人名研究》，民族出版社，1991。

15. 李光文等主编《西藏昌都——历史·传统·现代化》，重庆出版社，2000。

16. 才让：《藏传佛教信仰与民俗》，民族出版社，1999。

17. 罗桑丹增等：《藏族民俗》，巴蜀书社，2003。

18. 李涛等：《西藏民俗》，五洲传播出版社，2002。

19. 张宗显等：《西藏民俗》，甘肃人民出版社，2004。

20. 陈立明等：《西藏民俗文化》，中国藏学出版社，2010。